왕초보
바둑 배우기
3. 대국하기

왕초보
바둑 배우기
3.대국하기

2판 1쇄 발행 2023년 6월 20일

지은이	조창삼
발행인	조상현
마케팅	조정빈
발행처	더디퍼런스

등록번호	제2018-000177호
주소	경기도 고양시 덕양구 큰골길 33-170
문의	02-712-7927
팩스	02-6974-1237
이메일	thedibooks@naver.com
홈페이지	www.thedifference.co.kr

독자여러분의 소중한 원고를 기다리고 있습니다. 많은 투고 부탁드립니다.

ISBN 979-11-6125-399-2 13690

부분 기술을 입체적이고 실전적으로
배우는 독창적인 바둑 입문서!

왕초보
바둑 배우기
3. 대국하기

조창삼 지음

더디퍼런스

바둑은 지금까지 많은 사람들에게 관심 받아온 지적이고 매력적인 경기입니다. 가로세로 19줄의 바둑판과 동그란 검은 돌과 흰 돌, 이런 단순함 속에는 온갖 인생의 오묘한 이치가 담겨있습니다. 현대에 접어들면서 프로기사 제도를 도입해 많은 대국에 상금을 주고 있고, 전국의 크고 작은 공식 아마추어 대회는 300개가 넘을 정도로 바둑은 이미 대중들에게 깊숙이 자리 잡아가고 있습니다.

바둑이 좋은 것은 언제 어디서나 남녀노소가 어울릴 수 있고, 이제 막 걸음마를 뗀 하수라도 그 배운 만큼의 즐거움을 찾을 수 있다는 데 있습니다. 프로기사가 아니라도 말입니다. 실력이 높은 고수는 고수의 깊이가 있고, 실력이 낮은 하수는 그 나름의 재미가 있는 것입니다.

이번에 선보일 왕초보 바둑 배우기 총 3권은 이제 막 바둑에 관심을 가져보려는 분들에게 추천하는 시리즈입니다. 처음 바둑을 대할 때 어디부터 어떻게 접근해야 하는지, 바둑의 기본 기술은 어떤 것들이 있는지, 아주 쉬운 방법으로 알기 쉽게 풀어가려고 했습니다.

1권 '입문하기'부터 2권 '완성하기', 3권 '대국하기'까지 하나하나 순서대로 따라 하다 보면 자기도 모르는 사이에 어느 순간 바둑을 이해하기 시작하며, 어렵게만 느껴졌던 바둑이 술술 풀려갈 것입니다. 총 3권까지 읽어가는 데 거침없을 것이라고 믿습니다.

이 책은 다음과 같은 특징으로 구성했습니다.

첫째, 딱딱하고 부분적인 강좌 형식이 아닌 옆 사람과 대화하듯 서술 형식으로 풀었습니다. 처음 바둑을 접하는 분들을 위한 배려입니다.

바둑이 어렵다고 느끼게 될 때는 하나하나의 기술을 자로 잰 듯이 모든 것을 이해하고 넘어가려고 할 때 생깁니다. 영어를 배울 때 문법 하나하나 정복해서 실력이 늘었던 적 있던가요? 그보다는 옆 사람과 대화하듯이 배우는 것이 백번 나을 것입니다. 바둑도 마찬가지 아닐까요? 서로 바둑을 둔다고 생각하며 배우면 효과가 백번 오를 것이라 생각했습니다. 그런 관점에서 그동안 많은 입문서들이 그 내용의 경중에 관계없이 획일적이었던 것에 반해 이번에 출간하는 왕초보 바둑 배우기는 좀 더 쉽고 이해하기 편하게 구성했습니다.

둘째, 한 단원을 시작하면 끝날 때까지 부분 이론만이 아니라 실전적으로 이해할 수 있도록 자세하고 입체적인 해설을 했습니다. 다시 말해 바둑 한 부분을 이해하기 위해서는 적지 않은 이론이 필요합니다. 다양한 형식이 나올 수 있는 내용에서 생각을 확장시키는 독창적인 강의 형식을 빌려 내용을 쉽게 접근했습니다. 기술 하나하나를 상호 관련시켜 이해의 폭을 넓히도록 노력했습니다. 꼬리에 꼬리를 무는 식으로 말이죠.

셋째, 입문자들이 가장 편하고 재미있게 배울 수 있도록 꼭 알아야 할 내용에 대한 전체 순서와 구성에 많은 공을 들였습니다. 이 책의 가장 큰 자랑입니다. 1권과 2권에서 각 파트의 마지막 부분은 그동안 알았던 내용을 점검하기 위해 익힘문제와 그 해답을 다뤘습니다. 각 단원의 복습 차원에서 문제와 해답을 실어 그동안 배워온 내용을 확인하는 시간을 가졌습니다. 3권에서는 초반의 포석, 중반의 전투, 종반의 끝내기 등 바둑의 한 판 과정에서 필요한 핵심 기술을 초심자의 눈높이에서 보여줍니다.

이 시리즈는 총 3권입니다. 1권을 마치면 누구랑 두어도 당당할 것이고, 2권을 마치면 부분 기술에 자신이 붙어 바둑의 묘미를 더욱 느낄 것이며, 3권까지 마치는 순간 전체 판의 흐름을 이해하며 초보답지 않은 나름 고급스런 행마도 시도하리라 확신합니다.

설령, 실력 차이가 나더라도 바둑은 치수제가 있어 동등하게 실력을 겨룰 수 있습니다. 이렇게 바둑을 알아가는 순간 실력은 급속도로 향상되어가고, 실력이 증가되는 만큼 바둑의 깊이가 더해질 것입니다.

최근 알파고가 전 세계의 주목을 받으며 혜성같이 등장해 바둑의 패러다임을 바꿔놓았지만 오천년을 이어온 바둑의 기본은 한결 같습니다. 바둑에 입문하는 여러분 모두 이 시리즈의 책이 바둑의 고수로 가는 디딤돌 역할을 했으면 하는 바람 가져봅니다.

봄의 한가운데서. 조창삼

1장

초반전의 기본 전술

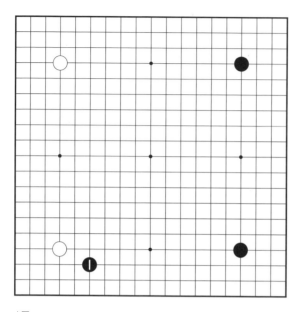

1도

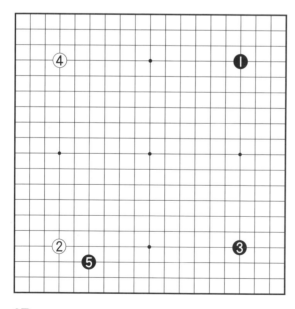

2도

● 날일자 걸침

바둑을 잘 두기 위해서 는 초반 설계를 잘해야 합니다. 초반 작전은 순 서에 따라 한 수씩 착점 하여 서로 두 귀를 차지 하면서 시작하는 것이 일반적입니다.

1도 흑이 우상귀와 우 하귀의 두 곳을 차지했 고, 백이 좌상귀와 좌하 귀를 차지했습니다.

이제 다음 흑 차례에 서 1로 좌하귀에 걸쳐간 장면입니다. 흑1의 모양 을 바로 '날일자 걸침'이 라 하며 귀의 상대 돌에 가장 알맞게 접근하는 행마법입니다. 이 날일 자 걸침을 잘 익혀두기 바랍니다. 앞으로 대국 중에 많이 등장하는 모 양입니다.

2도는 처음부터 진행 된 수순을 보여준 것입 니다. 흑5까지가 1도의 모습입니다.

● 날일자 받음

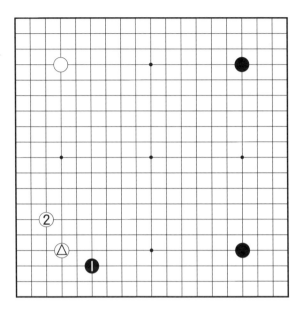

3도

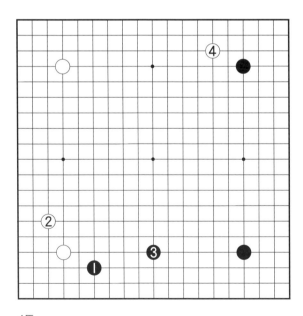

4도

3도 흑1의 날일자 걸침에 백2의 착점을 '날일자 받음'이라고 합니다. 흑1에 백이 손을 빼고 다른 곳을 두어도 한판의 바둑입니다. 그러나 백은 귀에서 응수하는 것이 좋으며, 응수한다면 백2로 받는 것이 가장 무난합니다.

많은 프로기사들도 흑1에 백2로 받으며 이 모양을 우리는 다시 한 번 얘기하지만 날일자 받음이라고 합니다. 백△와 백2를 선으로 연결하면 날일자(日) 모양과 비슷하다고 해 붙여진 이름입니다.

다음 4도 흑3과 백4로 전개하면 이제 바둑이 시작되는 것입니다. 흑은 우변과 하변을 중심으로 집이 될 가능성이 커지며, 백은 좌변을 중심으로 상변이 집으로 될 가능성이 커집니다.

● 귀를 차지하는 법

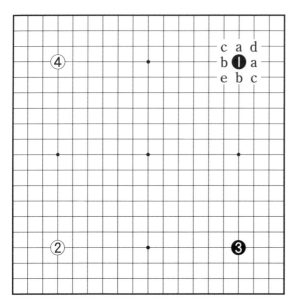

5도

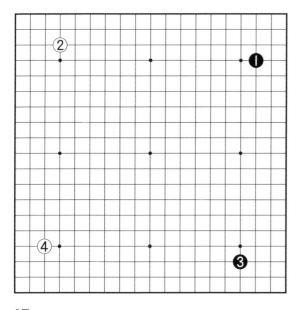

6도

우리는 바둑에서 집을 가장 쉽고 확실하게 만들 수 있는 곳이 '귀'라고 배웠습니다. 그렇다면 귀를 차지하는 방법에는 어떤 자리가 있을까요?

5도에서 보면 흑1, 3과 백2, 4로 화점을 차지했습니다. 이 장면에서 가령 우상귀를 차지하는 방법에는 흑1을 중심으로 8곳이 더 있습니다. a의 두 곳을 '소목'이라고 하며, b의 두 곳을 '고목'이라고 합니다. d의 곳을 '3三'이라고 하며, e의 곳을 '5五'라고 부릅니다.

여기까지 사전 지식으로 알아두시고요. 지금부터 가장 많이 사용하는 화점과 소목을 중심으로 공부해 나가겠습니다.

참고로 6도는 서로 소목을 차지한 모습을 보여준 것입니다.

● 눈목자 걸침과 한칸 걸침

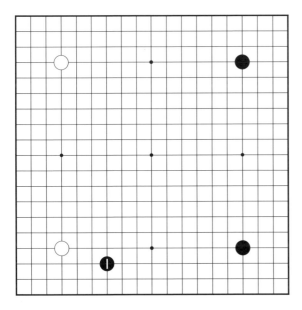

7도

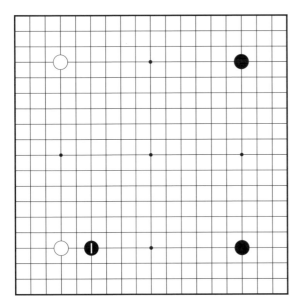

8도

참고로 또 하나 더 배워 볼까요?

7도 흑1은 '눈목자 걸침'이라고 하며, 8도 흑1은 '한칸 걸침'이라고 합니다. 참고로 눈목자 걸침과 한칸 걸침은 눈으로 익혀두기 바랍니다. 나중에 대국 상황에 따라 이렇게 걸쳐갈 경우도 있으니까요.

그러나 대부분 실전에서는 날일자 걸침을 사용하므로 우리가 배울 때도 이 날일자 걸침을 위주로 학습해 나가겠습니다.

다시 한번 강조하지만 날일자 걸침은 귀의 집을 노리면서 다가서는 데 가장 안정적입니다.

● 왜 귀부터 두는가?

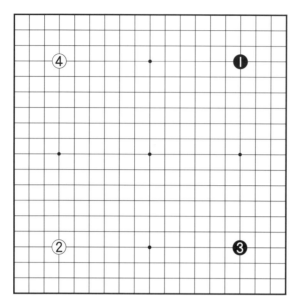

9도

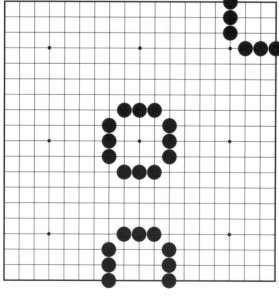

10도

앞에서도 나왔지만 9도 흑1, 3과 백2, 4는 서로 귀의 화점을 차지한 모습입니다. 그렇다면 대국을 할 때 우리는 왜 귀부터 둘까요?

그 이유는 다음 10도를 보면 알 수 있습니다. 10도 세 곳의 모양은 서로 9집을 만들고 있습니다. 각각 9집을 만드는데 귀는 돌 6개를 사용했고, 변은 9개, 중앙은 12개의 돌을 확인할 수 있습니다. 그러고 보면 귀가 가장 적은 6개의 돌을 사용하고 있습니다.

이처럼 가장 적게 돌을 들여 효율적으로 집을 만들 수 있는 곳이 귀입니다.

따라서 우리는 대국을 시작하면 귀부터 차지하는 것입니다. 바둑은 귀부터 변으로 발전하여 중앙으로 넓혀가는 게 일반적입니다.

● 날일자 굳힘

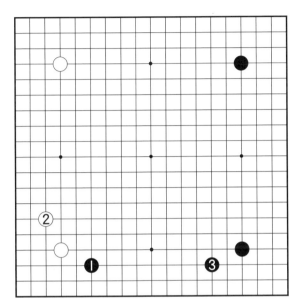

11도

11도 흑3을 '날일자 굳힘'이라고 합니다. 날일자 굳힘은 집을 만드는 데 매우 유리하며, 지금 보는 바와 같이 우하귀는 흑집이 될 공산이 아주 높아졌습니다,

12도 백도 1의 날일자로 걸친 후 흑2를 기다려 백3으로 귀의 집을 지킬 수 있습니다. 백3 역시 날일자 굳힘입니다.

물론 이 외에 다양한 취향으로 두면서 전혀 다른 바둑이 되는 경우가 많지만, 지금은 날일자 걸침과 날일자 굳힘에 대해 간략하게 배우는 중입니다.

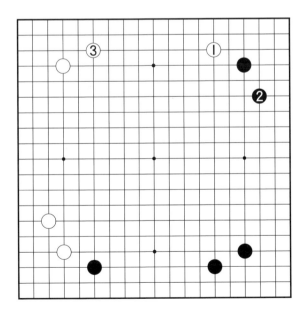

12도

● 소목에서 날일자 굳힘

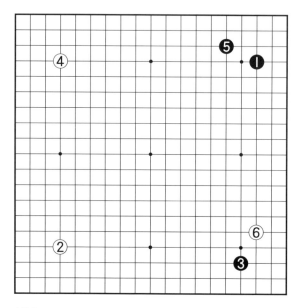

13도

13도 흑1, 3은 소목을 차지한 모양이며 백2, 4는 화점을 차지한 모양입니다. 여기서 흑5가 소목에서 날일자로 굳힌 모양인데요.

이 날일자 굳힘은 의미가 있습니다. 즉 소목에서의 날일자 굳힘이면 귀의 집이 확실하게 이루어진다는 것입니다. 지금 이 모양에서 우상귀 흑집은 거의 굳어졌습니다.

14도 만약 우상귀에 백1, 3으로 공격해 봐도 흑집은 그리 쉽게 부서지지 않습니다. 더욱 단단하게 흑2, 4로 굳어졌습니다.

그러므로 소목에서 날일자 굳힘을 하면 귀의 착점에서 한 수로 집을 지킬 수 있는 장점이 있습니다.

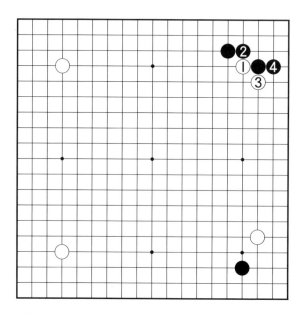

14도

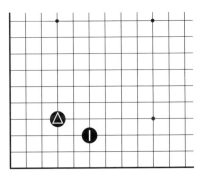

15도

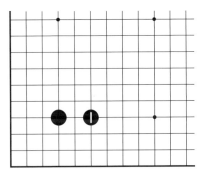

16도

● 화점에서 굳힘의 종류

그렇다면 화점에서 굳힘에 대해 정리해 보겠습니다. 15도 흑▲에서 흑1로
굳힌 것이 화점에서 날일자 굳힘이며, 16도 흑1은 한칸 굳힘, 17도 흑1은
눈목자 굳힘입니다. 또한 18도 흑1은 화점에서 두칸 굳힘입니다.

이와 같이 굳힘에는 몇 가지 종류가 있으며, 그 선택은 두는 사람의 취향
에 따라 정해지는 것입니다. 다만 실전에서는 상황에 따라 어떤 굳힘이 가장
좋은지 판단해 결정하는 것이 아주 중요합니다.

그러므로 여러분은 어느 한 곳에 치우치지 말고 탄력적인 생각을 하는 것
이 좋습니다. 다만 실전에서는 날일자 굳힘과 눈목자 굳힘이 자주 사용되고
있습니다.

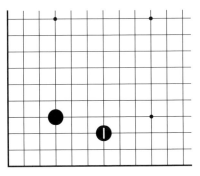

17도

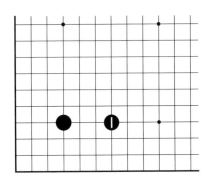

18도

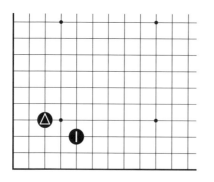

19도

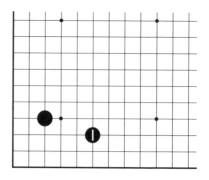

20도

● 소목에서 굳힘의 종류

19도 흑▲는 소목이며 여기서 흑1의 굳힘은 소목에서 날일자 굳힘을 한 것
이죠. 소목 역시 화점과 마찬가지로 20도 흑1의 눈목자 굳힘이 있으며, 21
도 흑1의 한칸 굳힘도 있습니다. 또한 22도 흑1의 두칸 굳힘도 알아두어야
합니다.

앞에서도 보았지만 소목의 굳힘은 화점보다 귀의 집을 만드는 데 더 확실
한 장점을 가지고 있습니다. 그래서 실리 위주의 대국자는 소목을 좋아하며,
두터움과 세력 위주의 대국자는 화점을 선호합니다.

소목에서의 굳힘은 날일자나 한칸이 자주 사용되지만, 최근에는 인공지능
알파고가 눈목자 굳힘과 두칸 굳힘을 자주 사용하여 프로바둑에서도 이 두
가지의 굳힘을 종종 사용합니다.

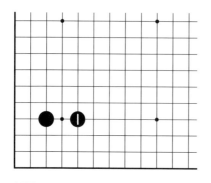

21도

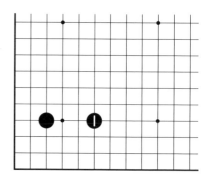

22도

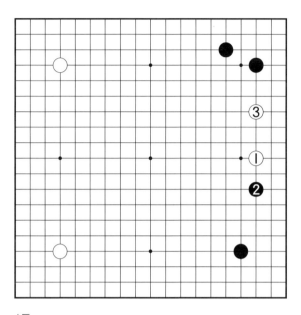

1도

● 벌림의 기본은 두칸

1도 백1은 흑 모양을 갈라쳤다고 하고 흑2로 다가설 때 백3은 두칸으로 벌린 모양입니다. 두칸 벌림은 변에서 가장 많이 나오는데, 바둑에서 안정적인 자세로 지킬 수 있는 모양입니다.

만약 2도 흑이 2쪽에서 다가오면 백은 3으로 벌립니다. 역시 두칸으로 벌린 모습이며 안정적인 자세를 취하고 있습니다.

이렇게 두칸으로 벌렸다면 일단 이 모양은 안정적인 자세라고 생각해도 좋습니다.

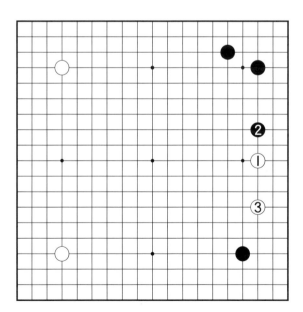

2도

● 한칸 벌림은 미흡하다

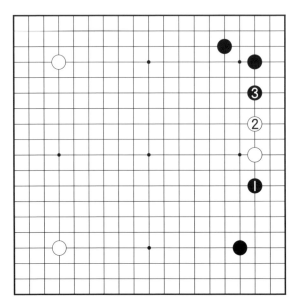

3도

3도 흑1에 만약 백2로 한
칸을 벌렸다면 이 자세는
미흡합니다. 흑3으로 다
가서면 아직 이 백은 완
전한 모양이 아닙니다.
지금 당장은 아니라도 나
중에 백 두점이 공격당할
가능성이 높아집니다.

마찬가지로 4도 흑1
로 다가섰을 때 백2로 한
칸을 벌리는 것은 흑3을
당해 역시 백 두점이 공
격의 위험에 노출됩니
다. 반면 흑의 자세는 아
주 이상적입니다.

흑은 우상귀 날일자
굳힘과 함께 우하귀까지
날일자 굳힘을 자연스럽
게 할 수 있어 아주 좋습
니다. 이 진행은 백의 불
만입니다.

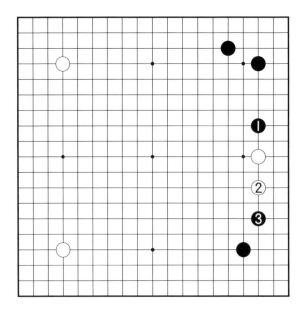

4도

● 세칸 벌림은 어떨까?

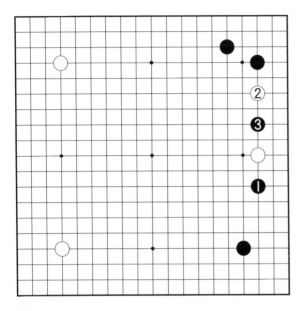

5도

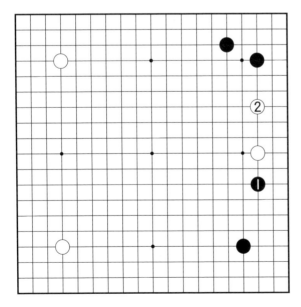

6도

그렇다면 5도 흑1에 백 2로 세칸을 벌리는 것은 어떨까요?

상대에게 한발이라도 더 다가가 영향을 미치려고 하는 의도이지만 지금은 간격이 넓어 흑3의 공격을 당할 수 있습니다. 우변은 흑의 돌들이 더 많아 백이 싸우기에는 손해입니다.

그래서 변에서 벌린다면 6도 백2의 두칸이 기본이죠. 이 두칸 벌림은 실전에서 가장 많이 나오는 안정적인 자세를 취하는 모양입니다.

이렇게 상대의 진영에서는 항상 두칸으로 벌릴 수 있는 여지를 갖는 것이 안정적인 모양을 만드는 요령입니다.

● 두칸 벌림이 좋은 이유

그렇다면 왜 두칸 벌림을 강조하며 이 모양이 안정적인지를 알아볼 필요가
있습니다.

7도 백△는 두칸 벌림입니다. 여기서 만약 이 두점을 차단하고자 흑1로
덤비는 것이 약간 두려울 수 있지만, 이것은 걱정 안 해도 됩니다. 백2로 받
으면 그만이기 때문이죠.

계속해서 8도 흑1로 젖혀 덤벼도 백2로 먼저 차단하고 4로 이으면 흑만
손해 본 결과입니다. 또 9도 흑1, 3으로 늦춰 덤벼도 백4로 늘면 백은 안정
적인 자세가 됩니다. 이 진행은 백이 흑의 무리수를 잘 방어한 결과입니다.

그래서 두칸 벌림은 상대의 공격이나 무리한 차단에도 잘 방어할 수 있는
기본적인 모양이라는 것이죠.

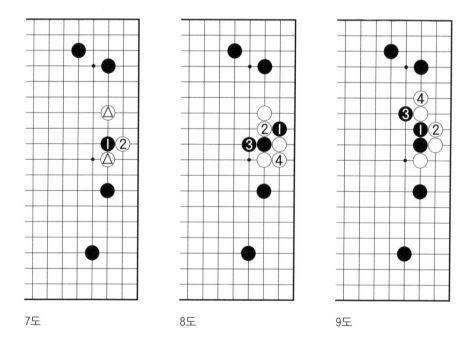

7도   8도   9도

● 두칸 벌림은 안정적 모양이다

10도 백△의 두칸 벌림에 흑이 통째로 공격하기 위해 1로 파고들면 어떨까요?

이것 역시 백이 크게 걱정할 필요가 없습니다. 이제는 백2로 받아 중앙을 두텁게 막습니다. 흑은 3, 5와 같이 아래로 넘어가야 하는데, 이때 백6으로 뛰기만 해도 중앙이 두터워 공격당할 돌이 아닙니다. 그리고 초반부터 흑은 아래의 2선을 기어간 모양이라 좋을 리가 없습니다.

또 11도 백은 2로 막아도 됩니다. 이 진행 역시 10까지 중앙의 백이 두텁습니다. 12도 흑이 3, 5로 나오는 것은 무리입니다. 그러면 백6으로 끊겨 흑이 먼저 잡힙니다. 흑의 무리한 행마를 백이 잘 응징한 결과입니다.

이렇듯 두칸 벌림은 안정적인 모양이며 실전에서 자주 사용된다는 것을 알고 있어야 합니다.

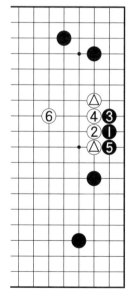

10도

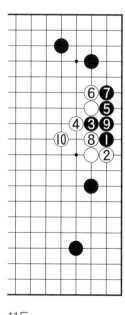

11도

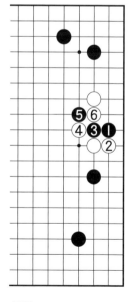

12도

● 넓게 벌림

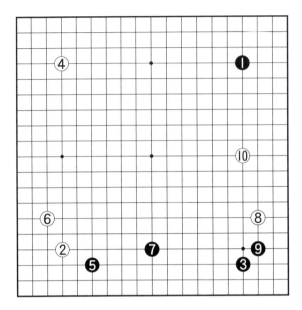

13도

대국을 할 때 초반 설계는 아주 중요한데요. 여러분은 기본적인 초반 작전만 알아두어도 실전에 많은 도움이 됩니다.

지금 13도 흑7로 넓게 벌리는 것 역시 초반 작전의 하나로 알아두어야 합니다. 백10 역시 마찬가지죠.

이렇듯 바둑은 아직 집이 확정되지 않은 상황에서 이렇게 넓게 넓게 자기 진영을 확장해 가는 것이 좋은 작전입니다.

14도 흑1 다음 3으로 넓게 벌린 것도 상변 흑 진영을 좀 더 확보하자는 작전입니다. 바둑은 서로 한 수씩 착점해 가는 과정이므로 서로 효과적인 집을 지어야 하는데요, 그러기 위해서는 이렇게 넓게 벌리는 방법을 알고 있어야 합니다.

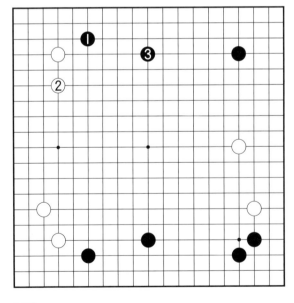

14도

전개의 기본

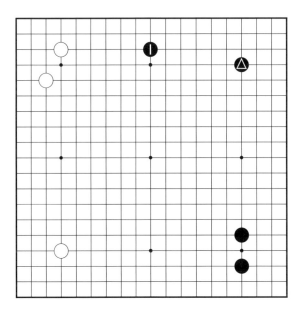

15도

넓게 벌릴 때 가장 두려움은 상대방이 이 벌림 안으로 뛰어 들어오는 것인데요. 이 부분은 다음 2장의 중반전에서 다뤄보기로 하겠습니다.

지금은 일단 놓여있는 한점에서 다른 쪽으로 넓게 벌려가는 과정을 살펴보겠습니다. 여기서 우리는 보통 넓게 벌리는 것을 '전개'라는 말로 표현합니다.

15도 흑▲에서 흑1의 전개를 봐주세요. 이렇게 전개하는 연습이 필요합니다. 흑1은 좌상귀 백의 굳힘을 견제하는 아주 좋은 전개의 기본입니다. 반대로 백이 이곳을 차지한다고 상상해 보세요.

16도 백1이 바로 그 모습입니다. 백1은 좌상귀 굳힘과 어울려 백 모양이 이상적이며 은근히 우상귀 흑 한점도 견제하고 있습니다.

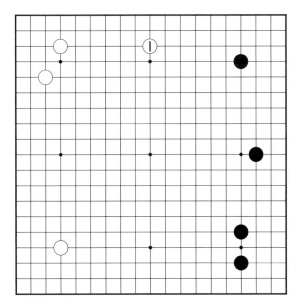

16도

● 벌림과 전개의 차이

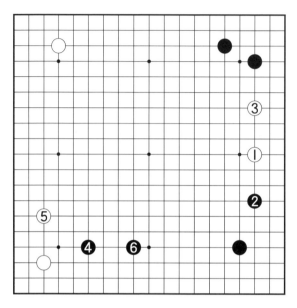

17도

벌림과 전개의 차이는 약간 있습니다. 앞에서 배운 벌림은 보통 세칸을 한계로 많이 사용하고요. 그 이상 벌렸다고 하면 전개라는 표현을 사용합니다.

그럼 지금 두칸 벌림의 전형적인 모습을 보겠습니다.

17도 백이 1로 우변을 갈라치기 한 모습입니다. 이때 흑2는 눈목자로 굳히며 백 한점에 다가선 모습이고 백3이 바로 두칸 벌림입니다.

두칸 벌림은 이제 몇 번 눈에 익혔고요. 계속해서 18도 백2와 흑3의 두칸 벌림도 눈으로 익혀두세요.

이렇게 서로 안정적인 자세를 취하는 방법에는 두칸 벌림이 이상적이라는 것입니다.

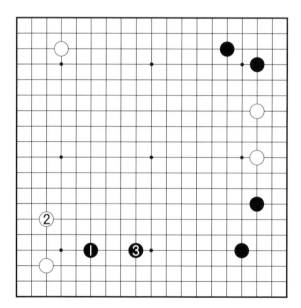

18도

● 상대가 손을 뺄 때가 공격 기회

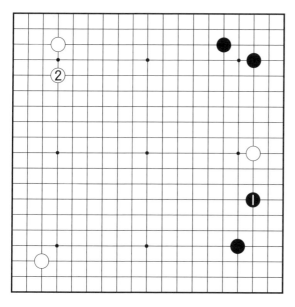

19도

19도 흑1은 우변 백 한 점에 다가서며 자연스럽게 우하귀를 지키는 좋은 수입니다. 이때 백이 손을 빼고 좌상귀 2로 굳히면 어떨까요?

흑은 당황하지 말고 차분하게 응수해야 합니다. 이제는 우변 백 한점을 공격할 기회입니다.

20도 흑1로 백 한점을 압박하는 게 좋은 수입니다. 백2로 도망간다면 이제는 흑3으로 전개해 역시 좋은 자리를 차지합니다. 여기서는 흑의 적극적인 수법이 통하는 장면입니다.

그런데 만약 흑1로 백 한점을 공격했을 때 백이 또 한번 손을 뺀다면 어떨까요?

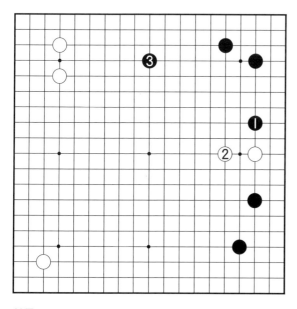

20도

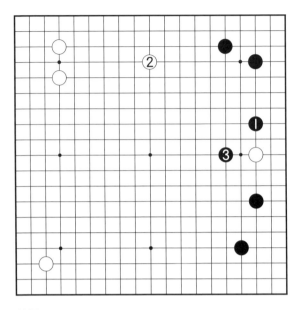

21도

21도 흑1의 압박에 백이 응수를 하지 않고 상변 2로 전개하면 흑은 약간 당황스러울지도 모릅니다. 그러나 흑은 걱정할 것이 없지요.

먼저 흑3으로 백 한 점을 공격하며 주도권을 잡을 수 있는 좋은 기회입니다.

22도 백이 우변 한점을 버리고 좌변 4로 전개하며 큰 곳을 차지하면 흑은 5, 7로 역시 자세를 잡아 전체적으로 흑의 포진이 나쁘지 않습니다.

우변 백 한점이 고립되어 있고 우변과 하변에 걸친 흑의 자세가 좋습니다.

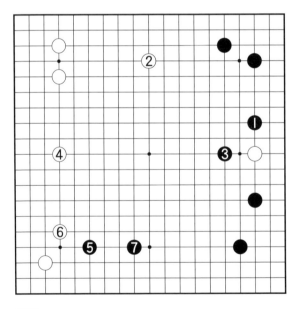

22도

● 유연한 초반 흐름

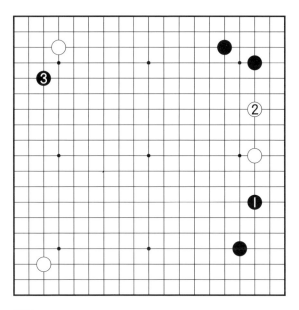

23도

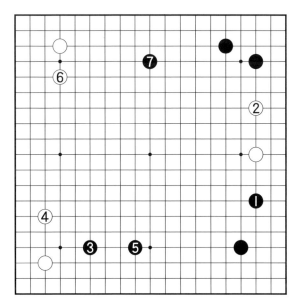

24도

따라서 23도 흑1에는 백 2로 받아두는 것이 무난 합니다. 그러면 흑은 다시 좌상귀 흑3으로 걸쳐 가며 또 다른 한판의 초반이 되는 것입니다.

지금까지 몇 수 착점 하지 않았는데도 여러 가지 변화가 있고 서로 다른 길을 갈 수도 있음을 알았습니다.

이렇듯 바둑은 초반부터 많은 변화가 있음을 알아야 하지만, 여러분은 너무 복잡하게 생각하지 말고 그냥 지금은 이런 게 있다는 정도로 이해하면 좋겠습니다.

23도 흑3은 24도 좌하귀에 흑3으로 걸쳐가는 변화도 있습니다. 흑7까지의 수순은 서로 잘 어울린 유연한 초반입니다.

● 전개의 의미

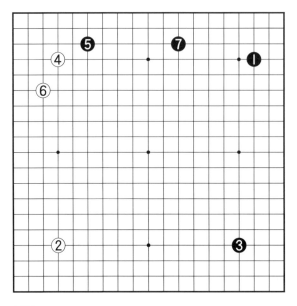

25도

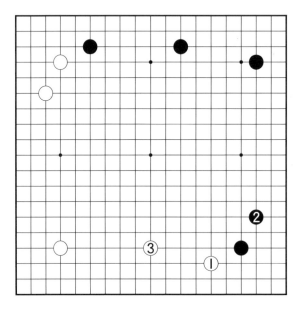

26도

전개는 일단 넓게 벌린다는 의미입니다. 가령 25도 흑1과 5 사이의 흑 7이 바로 전개입니다. 상변에 모양을 구축하기 위해 넓게 벌려간 것입니다.

이렇게 넓게 벌렸다고 모두 집이 되는 것은 아닙니다. 다만 집이 될 가능성이 아주 많아진다는 것이죠.

그래서 초반 바둑을 두어나갈 때는 이렇게 넓게 넓게 벌려 모양을 만들어 가는 수순이 좋습니다.

계속해서 26도 백은 우하귀 백1로 걸친 후 3으로 넓게 벌려 하변을 키우는 작전을 펼칠 수 있습니다.

●3연성 포석

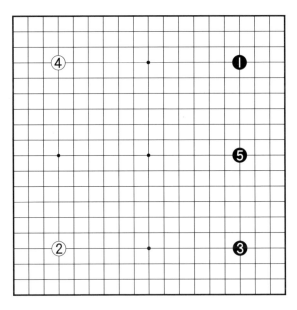

27도

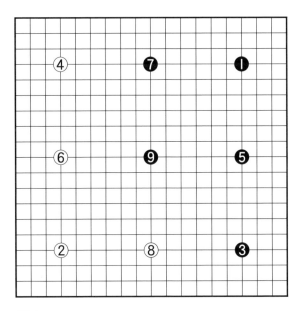

28도

27도 흑1, 3, 5는 3연성이라고 하는 유명한 포석입니다. 지금은 넓은 벌림인 전개를 배워가고 있는데요. 이 3연성도 전개의 한 방법입니다. 흑이 우변을 확장하는 작전이라고 보면 됩니다.

계속해서 28도 백도 좌변 6의 3연성으로 전개하며 8까지 흑과 같은 모양을 따라한다면 이제는 흑이 9의 천원을 차지해 전체적으로 서로 잘 어울린 모양이 됩니다.

다만 먼저 착점한 흑이 대세점인 9를 차지해 아무래도 흑이 조금이라도 좋겠지요.

● 세력과 실리 바둑

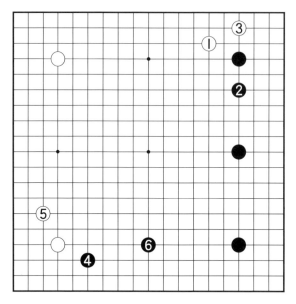

29도

29도 흑의 3연성에 보통 백은 1로 걸쳐 적극적인 전법으로 가는 게 프로 바둑의 실전에 자주 나오는 모습입니다. 흑은 2의 한칸으로 받은 후 백3으로 귀에 들어오면 계속해서 흑4, 6으로 전개하는 작전을 펼칩니다.

특히 흑의 이 작전은 세력 위주의 바둑을 둘 때 유력한 수법입니다.

30도 백은 흑2를 기다려 백3으로 전개해가는 수법도 있습니다. 그러면 흑도 4, 6으로 좌하귀에 걸치고 하변 모양을 최대한 키워갑니다.

이후 흑10까지 두면 흑의 세력과 백의 실리로 갈 가능성이 많은 바둑입니다. 이래도 역시 한판의 바둑입니다.

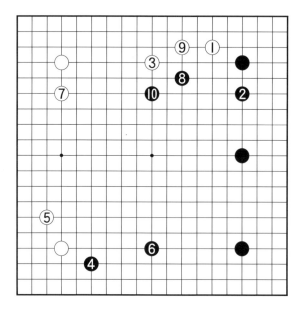

30도

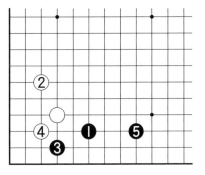

1도

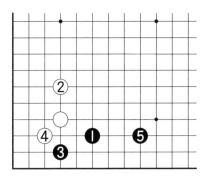

2도

● 화점 정석

바둑의 틀을 잡아가기 위해서는 기본적인 정석을 알아야 합니다. 그럼 지금 부터 실전에 자주 등장하는 정석부터 살펴보겠습니다.

　1도 백의 화점에 흑1은 날일자 걸침입니다. 여기서부터 정석이 진행되는 데요. 백2의 날일자로 받은 다음 흑5까지 가장 대표적인 화점 정석입니다. 2도 백2의 한칸으로 받는 방법도 있습니다. 역시 흑5까지 기본 정석입니다. 3도 백2의 눈목자 받음도 있습니다. 역시 흑5까지 둘 수 있지만 1도에 비해 폭이 넓은 백이 약간 효율적이라 이해하면 좋습니다. 그래서 3도의 흑3으로 는 4도 흑3으로 3三에 침입하는 것이 좀 더 보편적인 정석입니다.

　이후 조금 복잡한 변화가 일어나지만 수순을 잘 알고 있다면 걱정할 필요 없습니다. 따라서 초반에 나오는 기본 정석은 우선 암기하고 그대로 따라해 보는 것이 아주 중요합니다. 특히 초보인 여러분은 더욱 절실하겠지요?

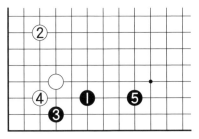

3도

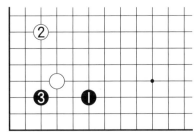

4도

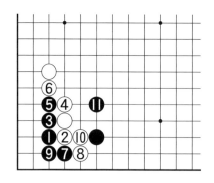

5도

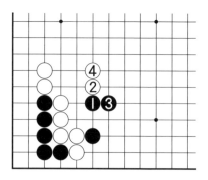

6도

● 눈목자 받음에서 기본 정석

5도 백의 눈목자 받음에서 흑1의 3三 침입에는 대처하는 요령이 있습니다. 약간 복잡한 수순이지만 역시 기본 정석에 해당됩니다. 지금은 백2부터 흑 11의 수순까지 암기해놓고 나중에 좀 더 실력이 향상된다면 그 이유를 따져 보는 것이 좋습니다. 흑11 이후 약간만 더 살펴보겠습니다.

6도 흑1로 뛰었을 때 백2로 붙이고 흑3을 기다려 백4로 지키는 것입니다. 딱 여기까지입니다. 흑이 3三 침입 이후 백의 대응으로는 이 정도만 알 아두기 바랍니다. 그리고 이 수순을 암기해 놓으십시오. 물론 이후 더 많은 변화가 있고 어려운 수순도 많지만 지금은 이 정도만 알고 있어도 좋습니다.

처음으로 돌아와 7도 흑1에 백이 2쪽에서 받는 것은 손해입니다. 흑3으 로 연결하면 흑이 유리합니다. 이러면 정석이 아닙니다. 8도 백2로 붙여도 안 됩니다. 흑3으로 받아놓으면 백의 귀에 단점이 있습니다.

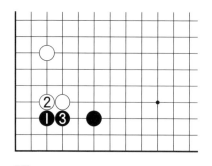

7도

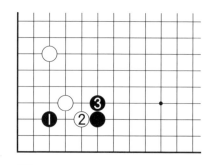

8도

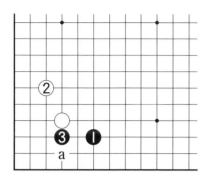

9도

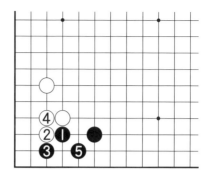

10도

●붙이는 정석

9도 백2에 흑3으로 붙이는 정석도 아주 유력합니다. 흑3은 a로 달리는 게 보통이지만 최근에 프로 고수를 상대로 인공지능 알파고가 많이 애용하면서 즐겨 사용하는 수법입니다.

사실 예전에는 이 수법도 프로 바둑에서 자주 사용되었는데 한동안 자취를 감추었다가 최근에 다시 등장하고 있는 것이죠. 다음 10도 백2로 젖히는 것은 절대이고요. 이후 흑5까지 무난한 진행이며 기본 정석입니다.

또 11도 흑3에 백4로 젖히는 강수도 있습니다. 흑5는 무난한 이음이고 7까지 이 진행도 정석입니다. 만약 12도 흑5로 반발하고 7로 백 한점을 잡는다면 다음 백8의 양단수가 있어 흑의 무리입니다.

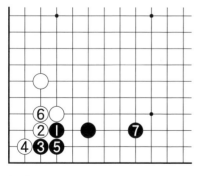

11도

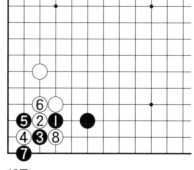

12도

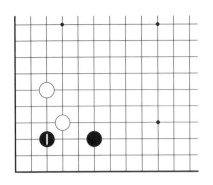

13도

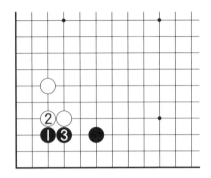

14도

●3三 침입의 경우

13도 이 장면에서 흑1로 3三에 파고드는 수도 정석일까요? 그러나 이 수는 좋지 않다고 합니다. 초반부터 흑이 너무 실리를 밝혀 대세에 뒤진다는 것이죠. 그럼 그 이유를 살펴보겠습니다. 14도 우선 흑1 때 백2로 받는 것은 말도 안 됩니다. 흑3으로 넘어 이 진행은 흑의 실리가 너무 좋습니다.

15도 백2로 무조건 차단해야 합니다. 이후 약간 복잡한 변화가 일어나지만 어느 정도는 암기해야 합니다. 16도 백이 1로 막고 난 이후 변화입니다. 백11까지는 정해진 수순입니다. 이처럼 백1로 차단하고 난 이후는 순식간에 11까지 진행되는 것이지요. 다시 말해 흑이 3三에 침입한 이후 일어나는 최선의 수순입니다. 이 결과를 놓고 보통 흑의 실리보다 백의 세력이 더 좋다고 합니다. 그래서 초반에 화점에서 백이 날일자로 받았을 때 흑은 가급적 3三으로 침입하지 않습니다.

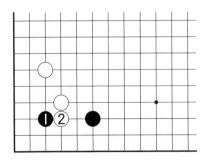

15도

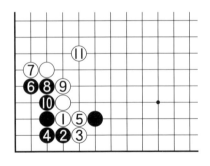

16도

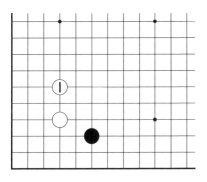

17도

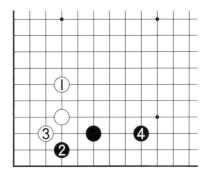

18도

●한칸 받음

화점 날일자 걸침에 한칸으로 받는 방법도 있습니다. 한칸 받음은 중앙에 좀 더 신경 쓰는 수법입니다. 17도 백1이 한칸 받음입니다. 이때 흑의 응수는 여러 가지 있지만 초보 여러분을 위해 간단한 정석만 알아보겠습니다.

18도 흑2, 4로 두면 가장 기본적인 정석입니다. 이 진행은 백이 날일자로 받았을 때와 같은 방법입니다. 또 단순히 19도 흑2로 전개하는 방법도 있습니다. 이 진행은 일단 넓게 벌려놓고 나중에 3三 침입을 노리는 작전입니다. 대국을 할 때 초반에는 넓고 큰 곳이 많으므로 작은 것에 연연하지 말고 바둑판 전체를 바라보는 시각이 중요합니다.

흑의 응수로 약간 복잡한 것이 20도 흑2의 3三 침입인데요. 이후 변화는 다음에서 자세히 다루겠습니다.

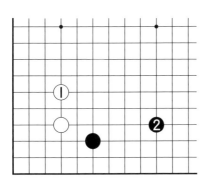

19도

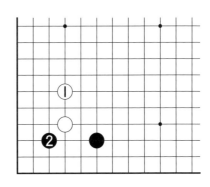

20도

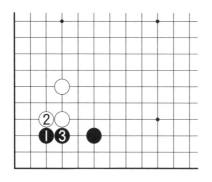

21도

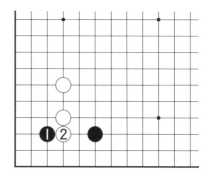

22도

●3드 침입 이후

21도 백2로 막는 것은 좋지 않다고 지난번에 배웠죠? 흑3으로 넘게 되면 흑의 실리가 너무 좋은 반면 백은 초라해진 모습입니다. 그러므로 22도 백2로 무조건 차단해야 합니다. 이후 복잡한 변화가 예상되지만, 일단 지금은 무조건 암기하는 게 좋습니다.

　23도 흑1 이하 백12까지 가장 일반적인 수순입니다. 부분적으로 정석이지만 백이 두터운 결과라고 해서 흑은 처음부터 이렇게 두지는 않습니다. 그러므로 흑은 변화를 꾀하는데요. 딱 하나만 참고로 보여드리겠습니다.

　23도 흑9, 11을 결정하지 않고 24도 흑1로 변화를 일으키는 수법입니다. 이 진행은 우리 초보에게는 너무 복잡하므로 이런 수도 있다는 정도로 이해하면 좋겠습니다. 이후 변화는 기력이 향상된 후 알아가도록 하겠습니다.

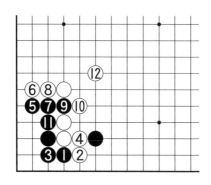

23도

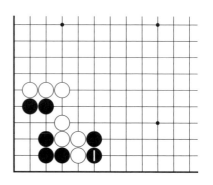

24도

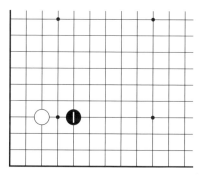

25도

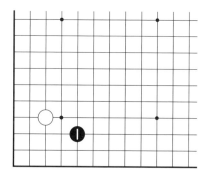

26도

●소목 정석

백이 소목 자리를 차지했습니다. 이때 흑의 걸치는 요령을 알아보겠습니다. 가장 많이 사용하는 방법이 25도의 한칸 걸침과 26도의 날일자 걸침이며, 27도의 눈목자 걸침과 28도의 두칸 걸침은 실전 상황에 따라 간혹 나오는 수법입니다.

이렇게 소목에서 일어날 수 있는 정석은 4가지 걸침에서 시작하는데요. 우리가 여기서 배우려는 것은 한칸 걸침과 날일자 걸침의 기본적인 변화입니다.

소목 정석은 너무 많은 갈래가 있어 초보에게 사실 복잡한 변화는 권하지 않지만 상대가 이런 수를 선택했을 때를 대비해 기본적인 건 알아두어야 하겠죠. 그럼 지금부터 소목 정석의 기본에 대해 알아보겠습니다.

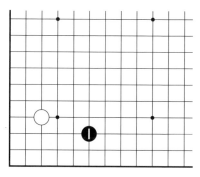

27도

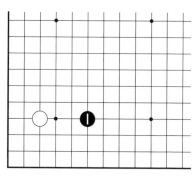

28도

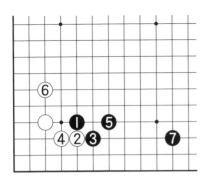

29도

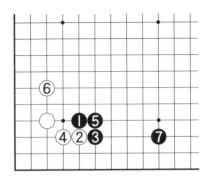

30도

한칸 걸침

29도 흑1의 한칸 걸침부터 시작합니다. 백2로 붙이고 이하 흑7까지 가장 무난한 정석입니다. 또 흑5로는 30도와 같이 흑5로 잇는 수법도 있습니다. 이 진행은 29도와 장단점이 있어 대국자의 취향에 따라 결정할 수 있습니다. 역시 흑7까지 훌륭한 정석입니다.

이 수순에서 31도 백은 6으로 중앙을 중시할 수도 있습니다. 흑도 7로 벌리거나 a로 높게 벌려갈 수 있습니다. 보통 그 선택은 주변 상황에 따라 결정됩니다. 이 모양에서도 마찬가지로 32도 흑5의 호구로 지킬 수도 있겠지요. 그러면 흑7까지 역시 이 진행도 아주 멋진 정석입니다.

지금 잠깐 살펴보았듯이 정석은 상황에 따라 약간씩 바뀔 수 있는데요. 어디까지나 주위 환경과 돌의 위치에 따라 달라진다는 것입니다.

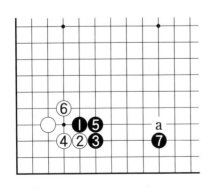

31도

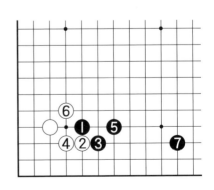

32도

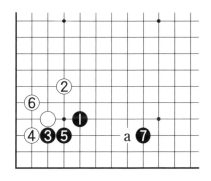

33도

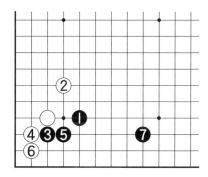

34도

🔴 주변 환경에 따라 선택

33도 흑1의 한칸 걸침에 백2의 날일자로 받을 수도 있습니다. 이 진행도 정석의 하나로 보통 흑7까지 일단락됩니다. 흑7은 안전하게 a로 벌릴 수도 있습니다. 또 수순 가운데 백6 대신 34도 백6으로 빠지는 공격적인 수를 선택할 수도 있습니다. 그러면 역시 흑7까지 정석입니다.

다만 34도의 정석은 백이 귀의 실리를 좀 더 차지한 것처럼 보이지만 대신 단점도 남아있어 주변 환경에 따라 선택합니다. 또 백2의 날일자 받음은 35도 백2의 한칸으로 받는 방법도 있습니다. 백2는 아주 견실한 수법으로 사용하는 정석입니다.

이후 36도 흑3, 5로 붙여늘고 백6을 기다려 흑7로 벌리는 것이 보통입니다. 이 진행 역시 자주 나오는 기본 정석이므로 암기하고 있어야 합니다.

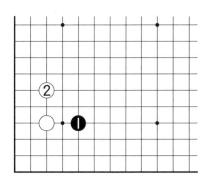

35도

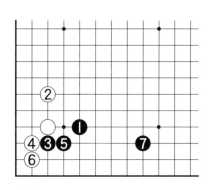

36도

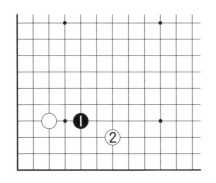

37도

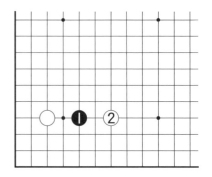

38도

●한칸 걸침에 대한 협공

소목 정석이 어려운 것은 다양한 협공에 대해 변화가 많고 복잡한 수순 때문인데요. 특히 한칸 걸침에 대해 협공할 때는 너무 많은 변화가 있어 사실 초보 분에게 추천하기란 쉽지는 않습니다.

하지만 여러분이 한칸 걸쳤을 때 상대가 37도부터 38도, 39도, 40도와 같이 협공해오면 기본적인 응수법은 알아야 하기에 정리해 보았습니다. 이렇게 다양한 협공법이 있는데, 37~39도가 주로 쓰이는 협공이고 많이 쓰이지는 않지만 40도 백2의 낮은 두칸과 a와 b의 세칸 협공도 있습니다.

이렇게 협공에는 한칸부터 세칸까지 총 6가지가 있다는 것을 기억하기 바랍니다. 나중에 바둑 실력이 향상되면 이 6가지 방법에 대한 변화를 모두 알아두어야 합니다. 우선 여러분은 가장 기본적인 한칸 낮은 협공과 더불어 실전에 자주 나오는 정석 몇 가지만 알아보겠습니다.

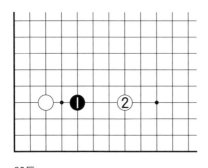

39도

40도

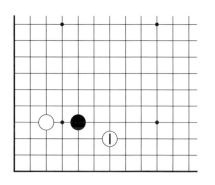

41도

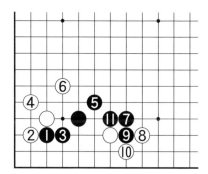

42도

●한칸 낮은 협공에서 바깥 젖힘

소목 한칸 걸침에 대해 협공을 한다면 41도 백1의 한칸 낮은 협공이 가장 많이 나오는 형태입니다. 사실 이 협공에 대한 변화를 잘 알기만 해도 고수 실력을 인정받을 정도죠. 여기서는 기본적인 모양만 알아보겠습니다.

이 협공에는 42도 흑1의 붙임을 기억해야 합니다. 가장 기본적 응수니까요. 그러면 백은 우선 2로 바깥에서 젖히는 방법이 있습니다. 이하 흑11까지가 대표적인 정석입니다. 이후 백은 손을 빼고 다른 곳을 두어도 됩니다.

수순 중 백6으로 43도 백6으로 하변을 벌린다면 흑7의 공격이 좋은 수입니다. 이후 복잡한 전투가 되지만 이 진행 역시 상황에 따라 선택하는 정석입니다. 만약 흑5로 44도 서둘러 흑5로 공격한다면 백은 6으로 뚫고 나와 흑의 무리입니다. 42도 흑5의 마늘모는 꼭 기억해야 하는 좋은 수입니다.

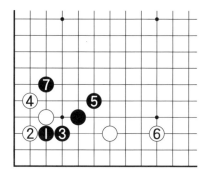

43도

44도

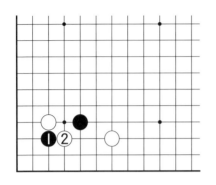

45도

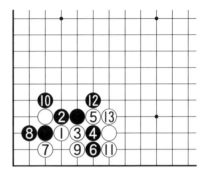

46도

●한칸 낮은 협공에서 안쪽 젖힘

이번에는 45도 흑1에 안쪽에서 백2로 젖힐 때의 정석을 알아보겠습니다.
46도 이때 흑은 다른 수는 생각하지도 말고 무조건 2로 끊어야 합니다. 이
후는 예정된 진행으로 백13까지 일단락인데 수순은 다소 길지만 기본 정석
이므로 암기하기 바랍니다.

수순 중 흑4 때 47도 백5로 아래에서 받는 방법도 있습니다. 그러면 흑
12까지 예정된 수순으로 정석이 완성됩니다.

또 48도 백5 때 바로 흑6으로 잇는 것은 백7을 당합니다. 흑8, 10으로
백 한점을 잡으면 앞 그림과 비슷해 보이지만 이 진행은 백7로 뻗은 자세가
너무 좋고 그에 따른 귀의 실리가 커져 흑이 손해인 결과입니다. 그러므로
47도 백5 때 흑6의 수순은 아주 중요하다는 것을 기억해야 합니다.

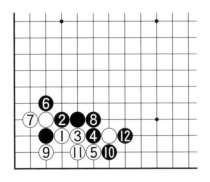

47도

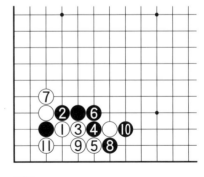

48도

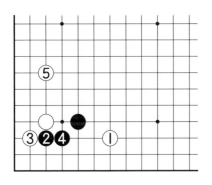

49도

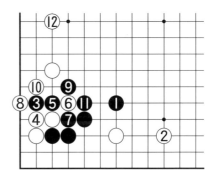

50도

●정석은 쌍방 최선의 수순이다

49도 흑2로 붙일 때 백은 3, 5로 그냥 발 빠르게 벌리는 수도 있습니다. 이후 약간 복잡한 변화가 일어나지만 역시 어느 정도는 암기하는 게 좋습니다. 그 가운데 가장 기본적인 정석이 50도 흑1로 두어 하변과 왼쪽 백의 단점을 엿보는 수입니다. 다음 백2로 벌려 하변을 보강하면 흑3으로 침입해 이하 백12까지 최선의 수순으로 정석이 일단락됩니다. 지금은 이런 정석을 일단 암기해 두는 게 좋습니다. 수순 중 흑3 때 겁을 먹고 51도 백4로 물러나면 흑5로 끊겨 9까지 이미 수상전에서 귀의 백 두점이 잡히는 모습입니다.

또 52도 흑1에 씌울 때 백이 2로 좌변을 지킨다면 이제는 흑3으로 하변 백 한점을 공격해 백의 불만입니다. 그러므로 백도 50도의 수순을 잘 기억해야 합니다. 정석은 서로 최선의 응수로 호응했을 때 완성되는 것입니다.

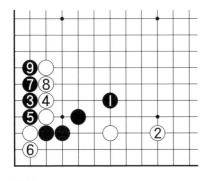

51도

52도

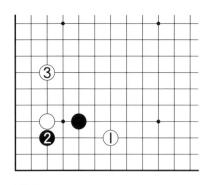

53도

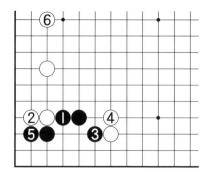

54도

●최근에 많이 사용되는 정석

53도 흑2에 붙였을 때 백3으로 그냥 벌리는 수도 있습니다. 약간 의도가 복잡하지만 최근에 가장 많이 사용하는 수법이므로 암기해 두면 좋겠습니다.

여기서 가장 기본적인 정석이 54도 흑1부터 백6까지입니다. 백4로는 55도 백1을 선택해도 좋습니다. 그러면 백3까지 기본 정석이고, 백은 나중에 a부터 흑d까지 선수 활용해 탄력적인 모습을 만들 수 있습니다.

또 54도 흑3으로는 56도 흑1을 선택하는 것도 한 방법입니다. 다음 백2로 벌리고 흑3으로 귀의 실리를 차지합니다. 그러면 백도 4로 좌변까지 벌려 불만 없는 모습입니다. 이 진행도 서로 최선의 수순을 밟은 멋진 정석이라고 할 수 있습니다.

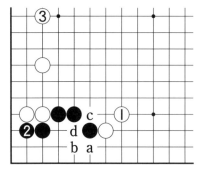

55도

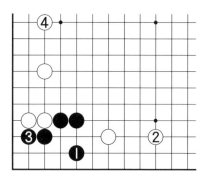

56도

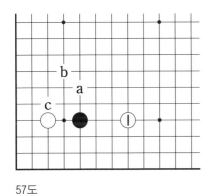

57도

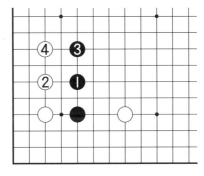

58도

●두칸 협공

협공 가운데 가장 많이 사용하는 것은 지금까지 설명한 한칸 낮은 협공 외에 57도 백1의 두칸 협공입니다. 이때 흑의 가장 기본적인 응수로 a, b, c의 세 가지 정도가 있는데, 여기서는 제일 간단한 a로 뛰어나가는 부분만 살펴보겠습니다.

58도 흑1, 3으로 뛰는 것이 가장 보통의 방법입니다. 백도 2, 4로 받는 것은 필연이고요. 이렇게 호응해서 백은 실리를 지키고 흑은 두텁게 중앙을 향해 나가면 서로 불만 없습니다. 이후 59도 흑은 1, 3으로 붙이고 늘어 백의 실리를 견제하며 자신의 안정을 꾀하는 것이 좋습니다. 백4로 받아두는 것도 요소입니다. 계속해서 60도 흑은 1로 백 한점을 공격하며 모양을 잡는 것이 이 변화의 마무리 과정입니다. 이 정석 역시 약간 복잡해 보이지만 60도 흑3으로 공격하는 수순까지 알고 있으면 좋겠습니다.

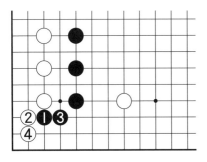

59도

60도

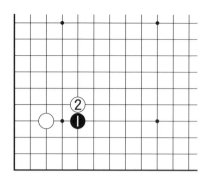

61도

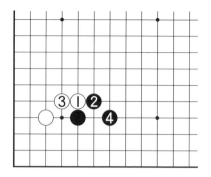

62도

●한칸 걸침에 위로 붙임

61도 흑1의 한칸 걸침에 백2로 위에 붙이는 수법도 있습니다. 이것 역시 비교적 간단해서 흔히 나올 수 있는 모양입니다. 62도 백1에는 흑2로 젖히고 백3을 기다려 흑4로 지켜두면 서로 불만 없는 정석입니다.

또 62도 흑4로는 63도 흑1로 올라서는 수도 있습니다. 이 모양은 실전에서 중앙을 중시할 경우 자주 나오는 수법입니다. 다음 백2로 끊는 것은 절대이며 이후 8까지 백의 실리와 흑의 세력으로 나뉘는 정석이 됩니다.

만약 64도 백2에 끊었을 때 흑이 3쪽으로 단수치는 것은 무리입니다. 그러면 백4로 나오는 순간 흑은 a의 곳에 단점이 생기며 아주 불리한 싸움을 감수해야 합니다. 그러므로 62도와 63도의 정석을 잘 기억해두기 바랍니다.

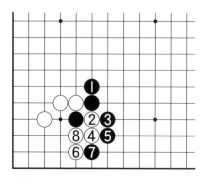

63도

64도

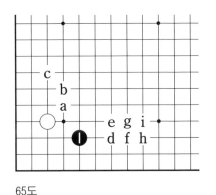

65도

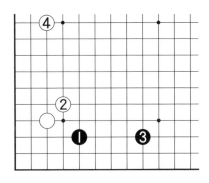

66도

●날일자 걸침

65도 소목에 대한 흑1의 날일자 걸침도 많이 사용하는 수법입니다. 이때 백의 응수는 a부터 i까지 너무 많지만 지금은 가장 간단한 지킴 몇 가지만 알아보겠습니다. 여기서 바로 다루지 않는 협공은 복잡한 변화가 수반되므로 향후 실력이 향상되었을 때 알아 가면 좋겠습니다.

66도 흑1에는 우선 백2의 마늘모 받음이 아주 탄탄하고 견실한 수법입니다. 흑은 3으로 벌려 하변을 지키고, 백도 4로 넓게 벌려 좌변을 키우는 것까지 정석입니다. 물론 상황에 따라 흑3과 백4는 생략하고 다른 곳을 차지하는 수법도 있습니다. 67도 백2의 날일자로 받는다면 흑은 3으로 붙여 빨리 안정하는 수법이 간명합니다. 이후 백8까지 대표적인 정석입니다. 또 68도 백은 2의 두칸으로 받는 수도 있습니다. 그러면 흑은 7까지 빨리 안정을 취하는 것이 한 방법이며 간단한 정석이기도 합니다,

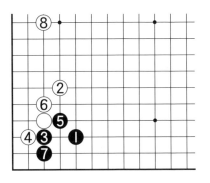

67도

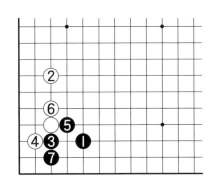

68도

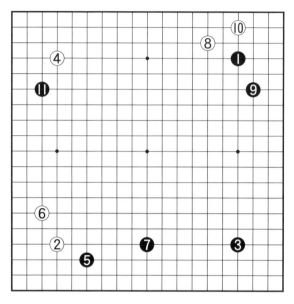

1도

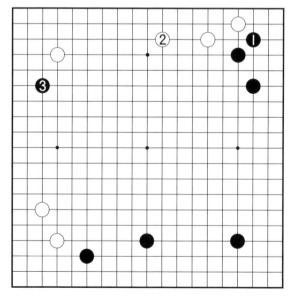

2도

●포석은 정석과 벌림을 활용한다

포석에서 가장 기본이 되는 요령은 귀의 정석과 이후의 벌림을 적절히 활용하는 것입니다. 포석은 판 전체의 골격을 꾸미는 기술입니다. 그 기술은 앞에서 배운 기본 정석과 벌림을 바탕으로 합니다.

1도 흑1, 3과 백2, 4는 서로 귀의 화점을 차지한 것입니다. 이후 흑11까지 흔히 등장하는 포석입니다. 이 과정에서 서로 다른 선택도 가능하지만 지금은 하나의 포석 흐름을 보여주는 것입니다.

흑11은 발 빠르게 걸친 수이지만 여러분이 배운 대로 기본 정석을 활용한다면 2도 우상귀 흑1로 받는 것입니다. 이후 백2를 기다려 흑3으로 걸치는 진행도 좋은 포석입니다.

● 화점과 소목 포석

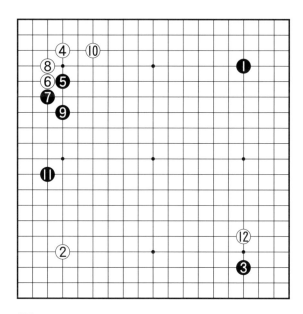

3도

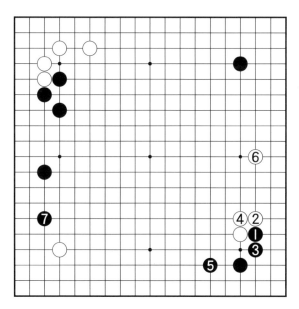

4도

3도 흑1과 백2는 화점이고 흑3과 백4는 소목인데, 이에 맞는 포석을 완성하려면 어느 정도 소목 정석을 알고 있어야겠지요. 마침 여러분이 배웠던 정석을 활용하면 좋겠는데요. 흑5의 한칸으로 걸쳤을 때 11까지 진행된 정석이 기억나는지요?

이 정석을 알고 있다면 아주 준수하게 익힌 것입니다. 이번에는 백 12로 걸쳐왔는데, 흑도 배운 정석을 활용해 봐야겠지요?

4도 흑1, 3으로 결정하면 간명하며 실리를 중시한 수법입니다. 이때 좌상 흑의 호구 이음과는 달리 백4의 꽉 이음은 취향입니다. 백6 다음 흑이 생각할 수 있는 큰 자리는 7로 벌리면서 걸쳐가는 것입니다. 여기까지 포석이 어느 정도 진행되었습니다.

● 소목에서 걸치고 벌리는 포석 1

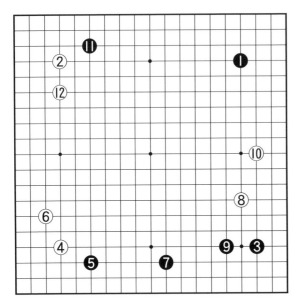

5도

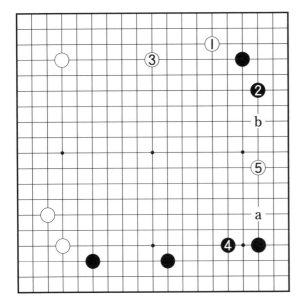

6도

5도 흑은 1의 화점과 3의 소목, 백은 2, 4의 화점 포석을 살펴보겠습니다. 흑5, 7은 흑이 먼저 착점해 나가는 이점을 활용하는 포석 전개입니다. 이 포석의 핵심은 귀에 먼저 걸쳐간 후 변에 벌리는 것입니다. 그러면 흑은 순식간에 우변과 하변의 주도권을 잡는 것처럼 보이지요?

백8은 우변을 견제한 수법이며 흑9는 귀의 실리를 지킨 굳힘입니다. 다음 백은 10으로 벌려 우변에서 안정하며, 이제 흑은 11로 가장 좋은 자리인 좌상귀에 걸쳐갑니다.

5도의 백8은 6도 백1로 걸쳐갈 수 있습니다. 흑4까지 되면 백은 5로 갈라쳐 a와 b로 벌릴 여지를 두며 또 다른 포석 진행이 됩니다.

● 소목에서 걸치고 벌리는 포석 2

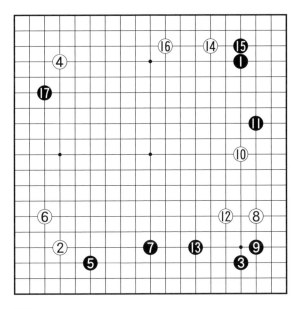

7도

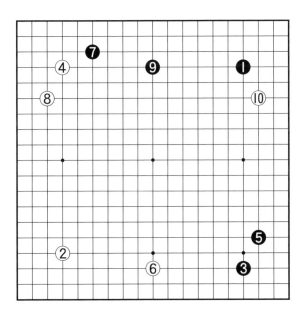

8도

이번에는 7도 흑3의 소목 위치에서 5, 7로 걸치고 전개하는 작전입니다. 백8의 눈목자 걸침은 이런 경우 적절하게 대응하는 수법입니다.

흑9의 지킴을 기다려 역시 백도 10으로 벌려 안정을 취합니다. 흑11로 압박해 오면 백12와 흑13을 교환하고, 이하 흑17의 걸침까지 모범적인 포석이 진행되고 있습니다.

8도에서 흑은 처음부터 5로 귀를 굳히면서 출발하는 방법도 있습니다. 이래도 역시 한판의 바둑이며 서로 백10까지 진행하면 모범적인 포석입니다.

●향소목 포석

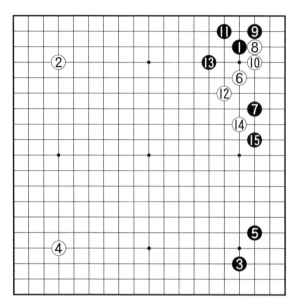

9도

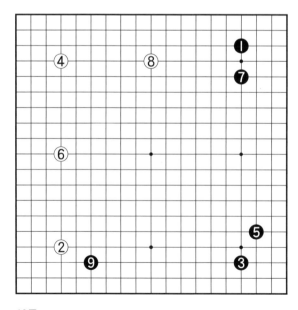

10도

9도 흑1, 3의 소목은 서로 마주보는 모습이라 해서 향소목이라 부릅니다. 향소목은 나름 작전을 포함하고 있는데요. 그중의 하나가 흑5로 굳힌 후 백6의 걸침이면 바로 흑7로 협공하는 것입니다.

이때 백이 협공에 대한 기본 정석 몇 가지 정도는 알고 있어야겠지요. 백8의 붙임은 여러분이 배운 수법이며 이하 흑15까지 일사천리로 진행되었지만 기본 정석에 해당합니다.

10도 백은 6으로 전개해 자기 길을 가는 것도 생각할 수 있습니다. 하지만 흑이 7로 굳히면 두 귀를 차지하게 됩니다. 이 진행은 두 귀를 차지한 흑이 유리하다고 해서 보통 백이 꺼리는 포석입니다. 이후 흑9까지 진행되고 있지만 역시 한판의 바둑입니다.

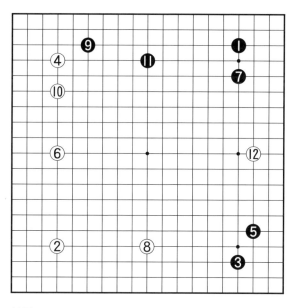

11도

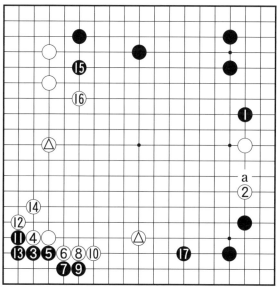

12도

앞의 10도 백8로는 지금 11도 백8로 하변의 전개를 선택할 수도 있습니다. 이런 선택은 어디까지나 취향입니다. 그러면 흑은 9, 11로 상변을 차지하고 백은 12로 갈라치는 것까지 비슷하면서 다른 결과입니다.

물론 이 과정에서 다양한 변화가 나올 수 있지만 일단 간명한 흐름만 보여주는 것입니다.

이후 12도에서 서로 모범적인 수순을 보여줍니다. 흑1은 a쪽에서 다가서는 것보다 효율적입니다. 흑3의 3三 침입은 백△가 좌하귀 화점을 기준으로 양날개를 펼친 상황에서는 당연한 수법입니다. 그러면 백14까지 기본 정석입니다.

흑15와 백16은 서로 대세점이며, 흑17까지 흑이 선착의 효과가 잘 살아있는 포석입니다.

● 서로 자기 세력을 확보하는 포석작전

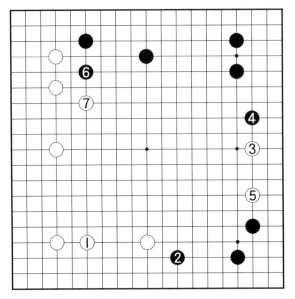

13도

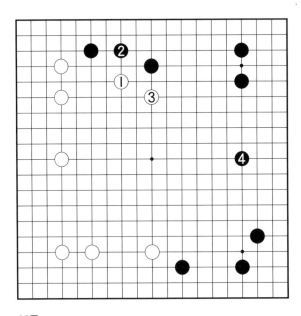

14도

포석이 진행되는 과정에서 수순 하나가 얼마나 다른 변화를 가져오는가는 여러분이 이미 알고 있을 것입니다. 지금도 마찬가지인데요.

11도 백12 대신에 13도 백1로 자기 집을 지킬 수도 있습니다. 이후 백7까지 두면 다른 한판의 바둑이 됩니다.

또 다른 진행도 있습니다. 13도 백3으로 아예 14도 백1을 선택해 백 진영을 크게 확장하는 방법도 있습니다. 흑2로 받으면 계속해서 백3으로 세력을 최대한 키우는 작전인데요. 그러면 흑도 4로 우변을 차지해 서로 자기 세력을 확보하는 포석작전이 됩니다.

이렇게 진행되면 이후 중반 전투에서 우열이 가려질 공산이 큽니다.

●향소목에 대항하는 소목 포석

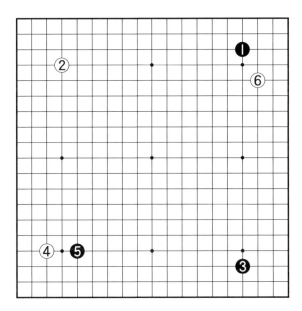

15도

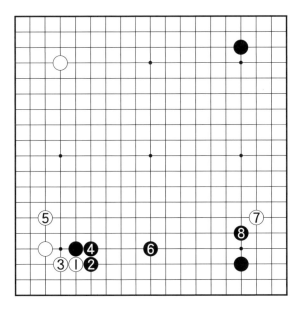

16도

이번에는 흑의 향소목에 백이 소목으로 대응하는 과정을 살펴보겠습니다.

여러 번 강조했지만 초반의 포석 과정은 그 사람의 취향이며 보통은 화점이나 소목을 많이 사용합니다.

이번 입문 3편에서는 가장 많이 사용하는 화점과 소목의 포석을 다루고 있습니다.

15도 백4가 소목인데요. 그러면 흑은 우측의 굳힘보다 바로 5로 걸쳐가는 선택이 가능합니다. 이때 백도 6으로 걸쳐 적극적인 대응이 가능하겠지요.

달리 15도 백6으로는 16도 백1로 귀의 받음도 있습니다. 흑6까지는 기본 정석이며, 다음 백7과 흑8로 서로 좋은 자리를 차지해가며 포석을 펼치고 있습니다. 계속해서 우하귀 변화를 알아봅니다.

● 포석과 연계된 정석

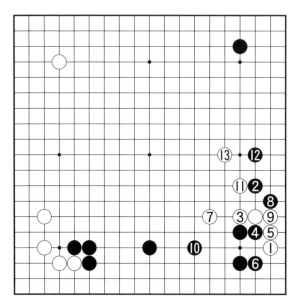

17도

17도는 앞의 16도에 이어지는 포석 진행입니다. 이 과정은 좀 어려울 수 있지만 정석 변화이므로 일단 수순을 기억해두면 좋습니다. 다시 말해 16도 백7과 흑8의 포석을 선택하면 지금과 같은 정석 진행을 예상할 수 있지요.

그리고 보면 포석과 정석은 상호 연계되어 있음을 알 수 있습니다.

만약 17도가 복잡하다면 백은 간명한 선택도 가능합니다. 18도 백1로 그냥 가볍게 벌리는 것이지요. 이때 흑2로 막으면 우하귀 실리가 짭짤하지만 백은 우상귀 3으로 걸쳐갈 수 있어 충분합니다. 이 진행도 훌륭한 포석입니다.

여기서 포인트는 흑2 때 백이 반드시 손을 빼고 우상귀로 손을 돌려야 한다는 것이죠.

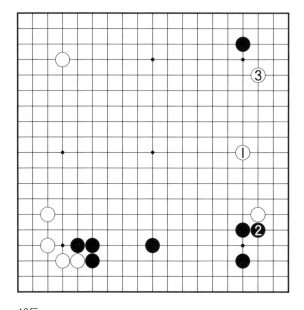

18도

●3연성 포석

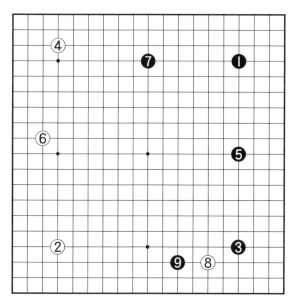

19도

19도 흑1, 3, 5를 3연성 (連星)이라고 합니다. 착점 위치가 모두 화점이라 해서 붙여진 이름이죠.

이 포석은 과거 일본의 다케미야(武宮正壽) 9단이 흑 차례일 때 전매특허로 사용하여 좋은 승률을 기록한 전법입니다. 돌의 위치가 4선에 놓여 있어 세력을 중시하는 포석이라고 보면 됩니다. 이후 흑9로 협공한 다음~

20도 백1 이하 흑6까지는 기본 정석입니다. 이 변화는 흑이 협공했을 때 백이 선택할 수 있는 가장 기본형입니다. 다음 백7의 굳힘은 크고 좋은 자리이며, 흑도 8로 높게 걸쳐갑니다.

이 한칸 걸침은 세력을 생각한 작전이며, 백9로 받을 때 역시 흑10으로 세력을 확장해 갑니다.

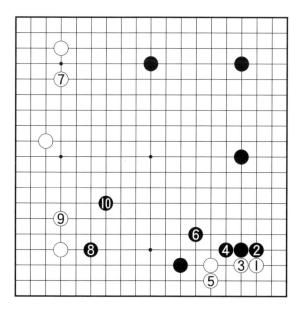

20도

● 선택에 따른 포석 변화

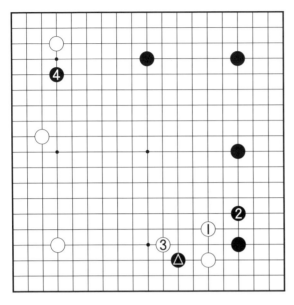

21도

같은 3연성이라고 해도 이후 선택에 따라 전혀 다른 바둑이 되기도 합니다.

가령 21도 흑▲의 협공에 백이 1로 중앙을 향해 뛰어나간다면 20도와는 흐름이 달라지는 것이죠.

백은 상대 세력을 의식해 중앙 뜀을 선택한 것인데요. 흑4까지 서로 자기 길을 가면 또 다른 흐름의 포석이 됩니다.

또 22도 흑▲ 때 백은 1, 3으로 붙이고 늘어 모양을 잡을 수도 있습니다. 이런 경우 백9까지 대표적인 정석 변화입니다. 다음 흑이 10으로 걸쳐가면 아주 모범적 포석이 됩니다.

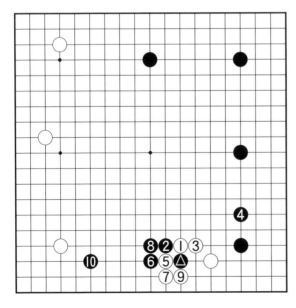

22도

●포석은 걸침으로부터

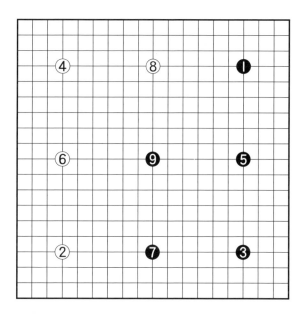

23도

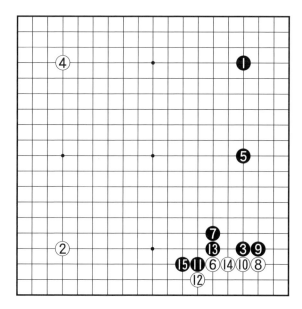

24도

지금 23도는 서로 3연성 포석의 대표적인 모양인데요. 백8까지 흑과 백이 서로 같은 모양의 바둑이 되어 있지만, 다음 흑9가 판 전체의 대세점이 되어 여러분이 보기에도 흑이 좋겠지요.

그러므로 상대를 따라가며 똑같이 두는 것은 좋은 작전이라고 볼 수 없습니다.

포석은 걸침으로부터라는 말 대로 24도 흑이 3연성을 펼칠 때 백은 보통 6으로 걸쳐가는 것이 주도적이며 무난합니다.

이때 흑은 앞에서 보았던 협공 대신 7로 씌워 중앙 중시의 작전을 선택할 수 있습니다. 그러면 백8 이하 흑15까지 나올 수 있는 정석 변화입니다.

이 결과는 백의 실리와 흑의 세력으로 나누어진 포석 흐름입니다.

●한칸 받음 이후의 포석 변화

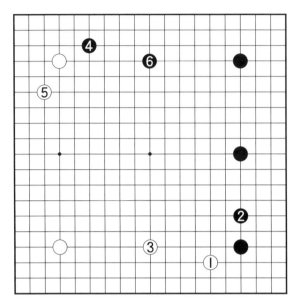

25도

다시 처음으로 돌아와 25도 백1로 걸칠 때 흑 2의 한칸으로 단순하게 받는 것이 가장 많이 사용됩니다. 그러면 흑6까지 실전에 자주 나왔던 포석 형태입니다.

이후 가능한 진행은 26도 백1의 침입입니다. 흑▲가 양날개를 펼치고 있어 백1의 3三 침입은 아주 좋은 자리입니다.

이후 흑12까지는 수순이 길어 조금 복잡해 보이지만 가장 기본에 해당되는 정석이니 익혀 두기 바랍니다.

다음 백은 선수를 얻는 이점을 활용해 가장 큰 곳인 좌하귀 13을 차지합니다.

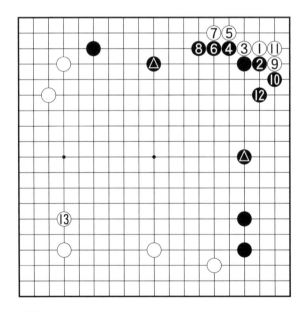

26도

● 서로 소목 포석

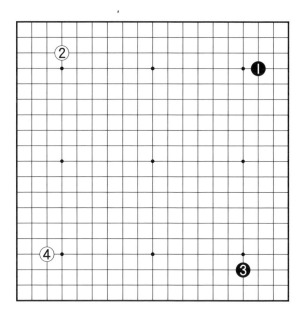

27도

27도 흑1부터 백4까지 서로 귀의 소목을 차지한 모습입니다.

소목은 주로 실리를 위주로 할 때 선택하며, 이후 예상되는 변화가 아주 많지만 몇 가지만 살펴보겠습니다.

먼저 자기 귀를 굳히는 것인데요. 28도 흑1부터 백4까지 서로 귀를 지킨 모습입니다.

이후 흑5와 백6으로 변을 각각 차지하고 다시 흑7과 백8로 갈라침을 교환하면 가장 큰 자리를 나눠 차지한 결과입니다.

이 정도만 초반을 구상하더라도 아주 훌륭한 포석이 됩니다.

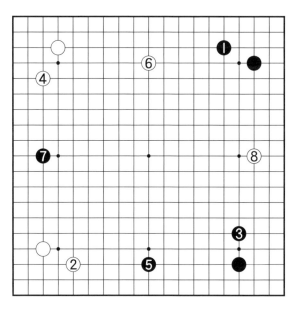

28도

● 적극적인 걸침 포석

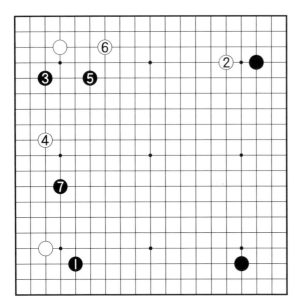

29도

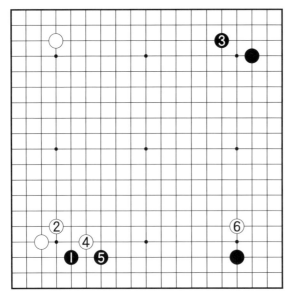

30도

네 귀 모두 서로 소목을 차지한 다음 흑은 먼저 적극적인 걸침을 펼쳐갈 수 있습니다. 29도 흑1의 날일자 걸침이 그중 하나인데요. 백도 2의 한 칸으로 걸치며 맞대응합니다. 그러면 포석부터 급박한 조짐인데, 이후 한치 앞을 예상할 수 없는 어려운 전투일 테지요. 흑7까지는 전투의 한 예로 초보 여러분에게는 어려울 수 있지만 이런 포석도 있다는 것을 알아두기 바랍니다.

30도 흑1에 백은 2의 마늘모로 받아둘 수도 있습니다. 백2는 아주 튼튼한 받음으로 알아두면 좋습니다. 이후 백6까지 진행되면 걸침과 굳힘이 섞인 전혀 다른 포석이 됩니다.

이처럼 초반의 포석은 다양하게 변할 수 있어 상황에 따라 대응해 나가야 합니다.

● 정석을 무시한 변칙 포석

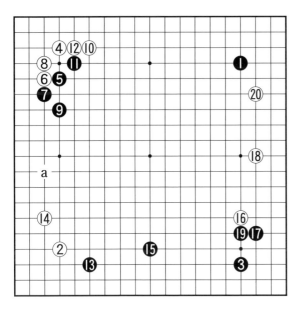

31도

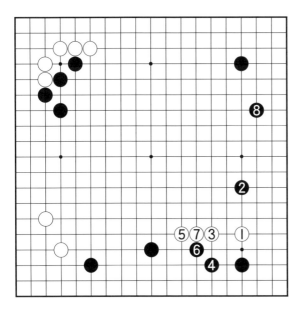

32도

31도 흑11은 a의 벌림을 생략한 채 먼저 응수를 물어보고 백이 12로 받아주면 흑13으로 발 빠르게 움직이려는 수입니다. 최근 인공지능 알파고가 많이 사용해 프로 실전에서도 애용하고 있지요.

이후 흑은 15로 새롭게 하변을 키우고 백도 16 이하 20의 빠른 보폭으로 우변을 확보하고 있는데요. 부분 정석을 무시한 변칙 포석이지만 서로 어느덧 어울린 형태입니다.

여기서 백16으로 32도 흑1의 한칸으로 걸치면 좋지 않습니다. 흑이 2의 협공부터 6을 선수한 다음 8의 좋은 자리를 차지하면 백의 불만입니다.

따라서 31도 백은 16으로 귀와 좀 떨어진 두 칸 걸침이 요령입니다.

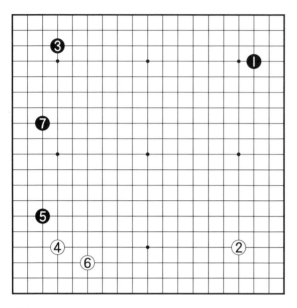

1보

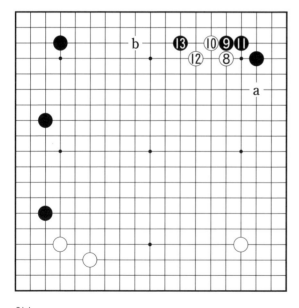

2보

⊞ 2018 춘란배 국내선 발전 (나현 vs 이세돌)

1보(1~7)

지금부터는 프로의 실전을 통해 포석을 어떻게 구상하는지 알아보겠습니다. 참고로 모든 대국에서 앞 사람이 흑번입니다. 다양한 구상이 있겠지만 여러분은 일단 담백하게 대충 흐름이라도 이해하면 충분합니다.

여기서는 흑1, 3의 소목과 백2, 4의 화점으로 포석이 출발합니다. 흑5로 걸친 다음 7로 벌리는 것은 좌변을 중시하는 수법입니다.

2보(8~13)

백8부터 12까지는 알기 쉬운 정석인데, 다음 여러분이 배운 대로 흑a로 벌리고 백b로 벌리면 보통일 것입니다. 그런데 흑13은 변칙 수법입니다. 그럼 이제부터는 전투가 되겠지요?

● 복잡한 전투

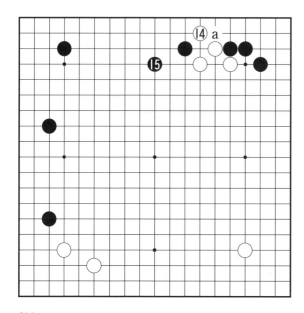

3보

3보(14~15)

백14는 흑의 건넘을 방지하는 당연한 수법입니다. 참고로 백이 여기를 방치하면 흑은 a로 넘어가는 수단이 있습니다. 판에 놓고 한번 확인해 보면 좋습니다.

흑15로 상변을 보강하면서 은근히 백을 노리고 있군요.

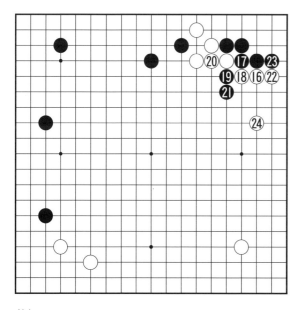

4보

4보(16~24)

백16으로 붙이면서 전투가 일어나는 모양인데요. 이렇게 실전은 때로 초반부터 전투가 벌어질 수 있습니다.

그렇더라도 따라 놓아보며 흐름만 이해해도 좋습니다. 백24까지 그럴듯한 전투가 이어져갑니다.

● 화점과 소목이 혼합된 포석

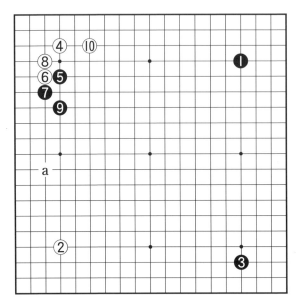

1보

🎋 2018 여자바둑리그
(최정 vs 박지은)

1보(1~10)

백4까지 화점과 소목이
혼합된 포석이구요. 흑5
부터 백10까지 기본 정
석입니다.

　정확히는 흑이 a로 벌
리면 정석이 완성되는데
요. 최근에는 손을 빼는
수법도 많습니다.

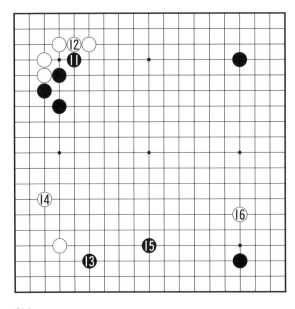

2보

2보(11~16)

흑11과 백12를 교환한
다음 흑은 손을 빼는데
요. 흑15까지 하변을 중
시하며 재빠르게 움직이
는 작전입니다.

　그러면 백도 16으로
걸치며 우변 확장을 견
제하는 것이 좋은 수법
입니다.

기세 싸움

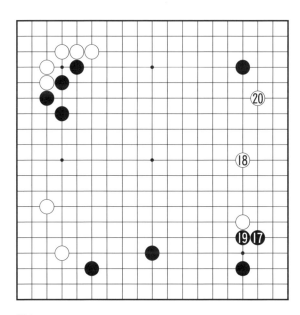

3보

3보(17~20)

흑17은 귀를 중시해 가만히 받아둔 수이며 백 18, 20으로 재빨리 벌려 가는 수법도 배워두면 좋습니다.

　초반 포석은 걸치고 벌리는 것만 잘해도 백 점입니다.

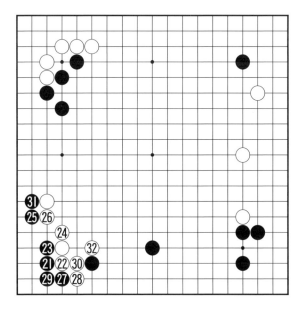

4보

4보(21~32)

흑은 우상귀에서 손을 빼고 기세 좋게 21로 파고들었습니다. 이때는 앞에서 배웠던 3三 정석을 활용하면 좋습니다.

　백22는 이렇게 막아야 하며, 이하 32까지 흑은 귀에서 실리를 벌며 살았고 백은 세력을 얻었습니다.

● 두칸 굳힘

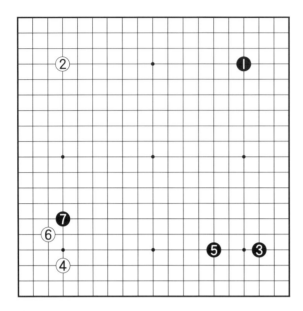

1보

▦ 2018 맥심커피배 (이 정우 vs 박정환)

1보(1~7)

흑5의 두칸 굳힘을 보기 바랍니다. 귀에서 지키 는 방법 가운데 하나라 고 배웠던 것을 기억하 고 있겠지요?

　개인 취향이지만 알 파고로 인해 요즘 유행 하는 수법이기도 합니 다. 또한 초반부터 흑7 의 적극적인 수법도 우 하귀의 두칸 굳힘과 연 계된 중앙작전입니다.

2보(8~12)

백8은 귀를 확실히 지키 겠다는 생각이며, 흑9의 굳힘으로는 12 자리의 걸침도 좋은 수입니다. 역시 취향에 달려 있으 며, 그럼 이제는 백10의 갈라침이 요처입니다.

　흑11 때 백12의 굳힘 으로 손을 돌렸지만 a의 벌림도 무난한 수입니다.

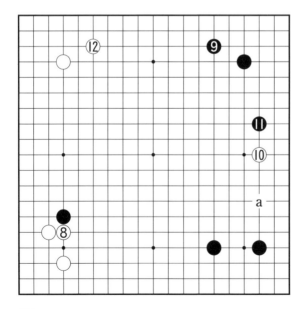

2보

● 초반부터 전투

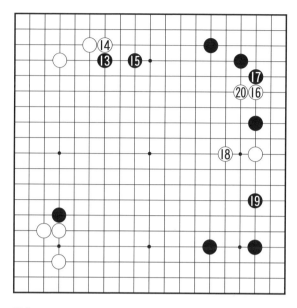

3보

3보(13~20)

흑13으로 어깨 짚은 수는 우상귀와 연계된 작전이며 백14 때 흑15는 가벼운 행마입니다.

흑은 우상귀와 연계해 두터운 세력을 얻고자 합니다.

백16의 침입은 상대의 집을 견제한 도전이고, 20까지 서서히 전투가 시작되고 있습니다.

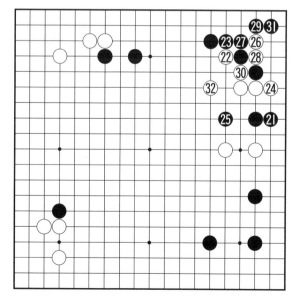

4보

4보(21~32)

흑21은 귀와의 연결을 도모하며 싸우려는 수이며, 이를 배경으로 이후는 좀 복잡하지만 실전은 이처럼 초반부터 전투가 일어날 수 있습니다. 지금까지 수순을 잘 따라가며 포석의 흐름을 이해하기 바랍니다.

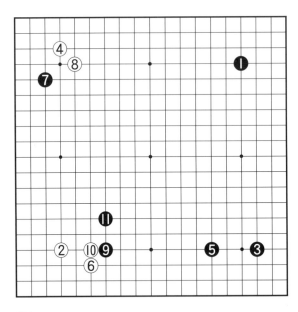

1보

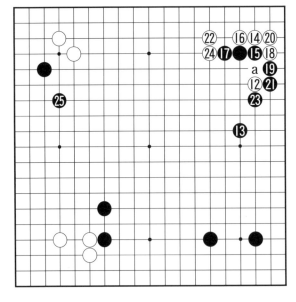

2보

▦ 2018 춘란배 국내선
발전 (변상일 vs 이세돌)

1보(1~11)

흑5까지 한번 경험했던
포석이지요? 흑7의 걸
침에 백8의 마늘모 역시
기본 포석에서 배웠던
수법입니다.

　여기서 흑은 손을 뺄
수 있습니다. 그리고 흑
9, 11을 선택했네요. 이
진행은 우하귀 두칸 굳
힘과 호응해 결정한 것
으로 보입니다.

2보(12~25)

백12에 흑13으로 협공
하면 백은 바로 14의 3
三에 파고드는 것이 간
명한 작전입니다. 흑21
은 a로 이음도 정석입니
다. 흑은 23으로 보강하
며 두텁게 천천히 두려
는 작전이며, 25의 높은
행마도 그런 취지의 화
려한 포석을 선보이고
있습니다.

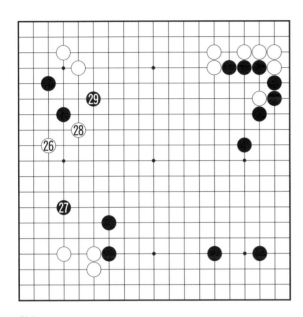

3보

3보(26-29)

백26은 흑 두점에 대한 압박이며 흑27은 좌변 백집이 형성되기 전에 미리 방어하며 은근히 백 한점도 노립니다. 반대로 27 자리에 백을 놓아보면 모양의 차이를 확실히 알 수 있겠지요.

백28은 공격법이며 흑29는 타개법인데 서로 날렵한 좋은 행마입니다.

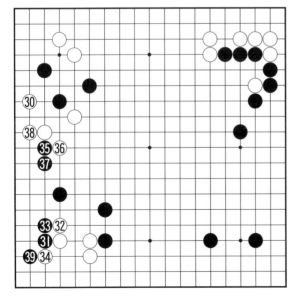

4보

4보(30~39)

돌들이 외롭게 있을 때는 근거를 확보하는 것이 좋습니다.

백30은 내 근거를 마련하며 상대의 근거를 빼앗는 일석이조의 좋은 자리입니다.

흑도 좌하귀 31로 붙여 39까지 근거를 만들며 그럴듯하게 집을 확보해가고 있습니다.

● 적극적 걸침

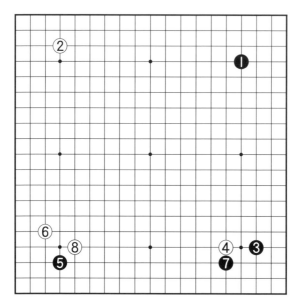

1보

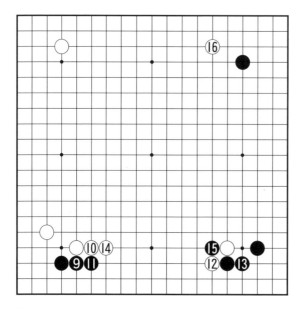

2보

▦ 2018 맥심커피배 (이세돌 vs 송태곤)

1보(1~8)

백4는 귀를 비워두고 걸쳐가는 적극적인 수법입니다. 그러면 흑5로 먼저 빈 귀를 차지하고 백은 6으로 다시 걸쳐갑니다.

포석은 귀를 서로 차지한 다음 굳히거나 걸치면서 이후 벌려가지만, 이처럼 백8까지 서로 손을 빼면서 자기 길을 걷기도 하죠.

2보(9~16)

흑9부터 백14까지는 귀에서의 불가피한 접전입니다. 흑15의 끊음은 백이 하나만 활용하고 손을 뺀 데 대한 응징입니다. 백은 아프지만 16의 큰 자리를 걸치며 균형을 맞춥니다.

이렇듯 초반 포석은 큰 실수가 아니면 서로 어울려 갑니다.

● 양걸침 정석

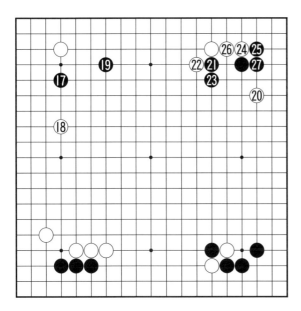

3보

3보(17~27)

흑17에 백18의 두칸 협공은 좌하 쪽의 백 두터움을 살리는 선택입니다. 흑19의 눈목자 씌움은 정석의 하나입니다.

백20으로 양걸침하면 보통 기분 좋은 모양인데요. 다음 흑21 이하 27까지 정석으로 암기해두면 좋습니다.

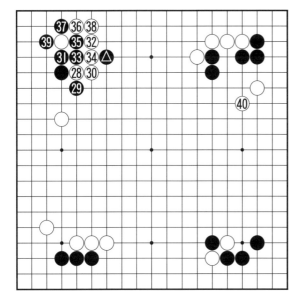

4보

4보(28~40)

백28로 붙인 다음 39까지는 정석입니다. 백이 두칸으로 협공하고 흑▲로 씌운 형태에서 다양한 변화가 있지만 일단 흑39까지 요즘 많이 사용하므로 알아두기 바랍니다.

다음 백40으로 우상 흑을 노리면서 향후 전투로 발전하겠지요.

● 특이한 소목 포석

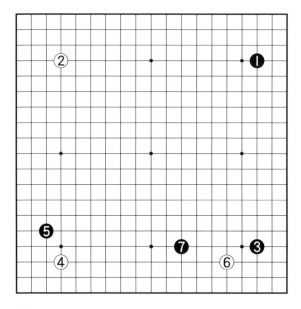

1보

▦ 2018 JTBC 챌린지배 (김승재 vs 김지석)

1보(1~7)

흑1, 3의 소목 배합이 특이합니다. 흑5는 날일자 걸침이지만 6 자리에 굳혀도 좋습니다.

　백도 6으로 걸쳐가며 기세싸움이 대단합니다. 흑7은 두칸 높은 협공으로 공격적입니다.

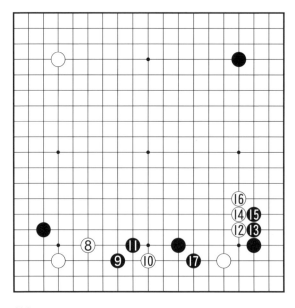

2보

2보(8~17)

고수들은 귀의 걸침이나 굳힘을 생략하고 초반부터 전투를 벌이는 경우가 많습니다. 지금도 백10으로 뛰어듭니다. 흑의 응수에 따라 다음 작전을 결정하겠다는 응수타진의 뜻입니다.

　이후 흑15 다음 재빨리 손을 돌린 17은 하변백 한점을 잡아두려는 효율적인 수입니다.

● 벌림과 공격

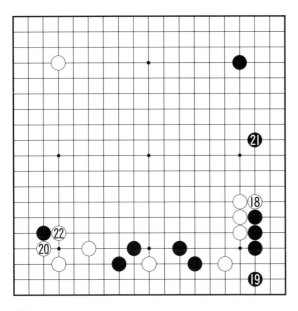

3보

3보(18~22)

백18은 두터우면서도 우하 흑에 선수가 됩니다. 만약 흑19를 두지 않으면 귀 전체의 사활에 문제가 생깁니다.

백20은 귀를 지키는 좋은 곳이며 흑21의 벌림도 요처입니다. 진영을 넓히면서 백 일단을 공격하는 일석이조의 효과가 있죠. 백22의 한점 제압도 두터운 자리입니다.

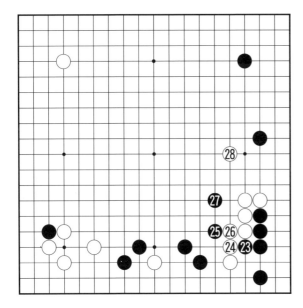

4보

4보(23~28)

흑은 23부터 선수하며 백 전체를 은근히 공격해 갑니다. 실은 공격의 효과를 보겠다는 것이죠. 흑27까지 백 전체가 답답해 보이지만 그렇다고 잡힐 돌은 아닙니다.

백28이 중앙으로 진출하는 좋은 타개법으로 이런 행마는 눈여겨 봐둘 필요가 있습니다.

● 눈목자 굳힘 포석

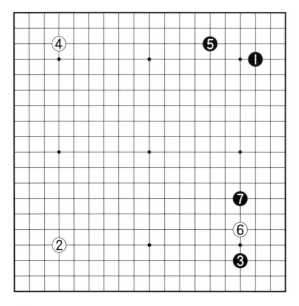

1보

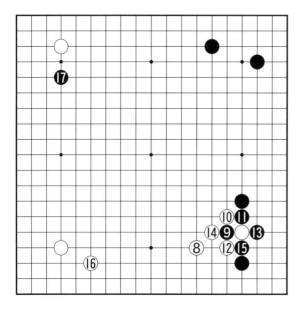

2보

1보(1~7)

흑1, 3의 양소목에서 5로 눈목자 굳힘입니다. 이처럼 최근에는 날일자 굳힘과 함께 눈목자 굳힘도 실전에 자주 나옵니다.

다음 흑7의 협공은 우상귀 굳힘과 연계한 작전입니다. 한칸 협공이라 매우 적극적이네요.

2보(8~17)

백8의 눈목자로 움직이면 흑9로 붙인 후 15까지는 기억해둘 정석 수순입니다. 보다시피 흑은 실리, 백은 세력을 차지하는 정석이죠.

백16은 우하 세력을 배경으로 귀와 하변을 살리는 수이며 흑17의 걸침은 남아있는 큰 자리입니다.

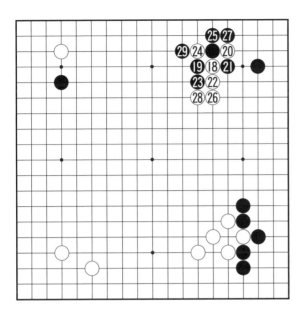

3보

3보(18~29)

백18의 붙임은 갑작스럽지만 깊은 수읽기를 바탕으로 결정한 수입니다. '붙이면 젖혀라' 격언대로 흑19는 기세이며 이하 29까지는 서로 원하는 필연 수순입니다.

좀 이해하기 어려울지도 모르지만 흑은 실리, 백은 중앙 두터움을 중시한다는 정도만 알아도 좋습니다.

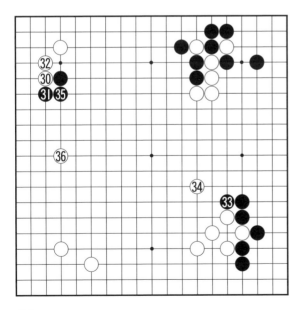

4보

4보(30~37)

지금은 우상과 우하, 흑의 양쪽 실리가 커서 백이 이를 만회하려면 중앙작전을 효율적으로 펼쳐야 합니다. 백34와 36도 초지일관 중앙을 키우는 작전입니다.

결론을 얘기하면 이 바둑은 백이 중앙작전에 성공해 2집반을 이겼습니다.

● 대각선 포석과 묻지마 3三 침입

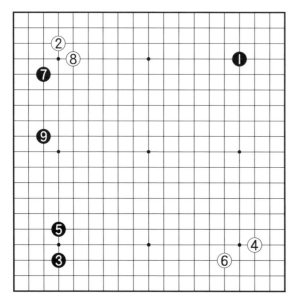

1보

2018 세계 명인전 (이세돌 vs 이야마 유타)

1보(1~9)

흑1, 3의 대각선 포석은 전투 지향입니다. 백이 이를 피하려면 두 번째 2의 수를 좌하귀에 두면 됩니다.

서로 굳힘을 한 다음 흑은 7로 걸칩니다. 백8의 견실한 마늘모에 흑9의 벌림은 정석이며 어느덧 좌변 진영이 그럴 듯합니다.

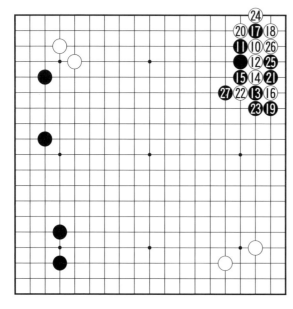

2보

2보(10~27)

소위 백10의 묻지마 3三 침입은 알파고 대국에서 자주 등장해 프로들도 애용하는 수법이 되었습니다.

이후 다양한 변화가 있지만 지금 흑27까지 진행된 수순도 정석 가운데 하나로 기억해두기 바랍니다.

● 축머리 공작

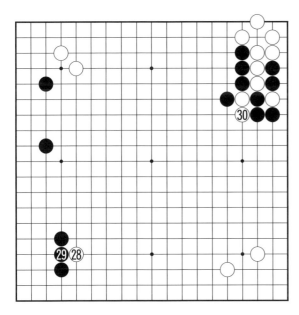

3보

3보(28~30)

백28은 자체로 악수입니다. 흑29와 교환되어 좌하귀가 거의 굳어졌기 때문입니다.

그러나 이 수는 백30으로 나오는 축머리 역할을 하고 있습니다. 백 한점을 살려 위의 흑 넉점을 공격하겠다는 뜻입니다.

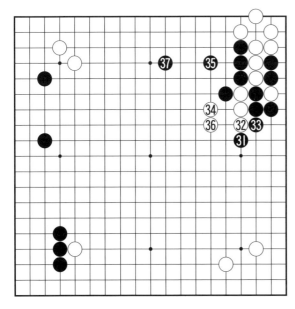

4보

4보(31~37)

축이 불리해진 흑은 이제 31로 물러날 수밖에 없습니다. 백34와 흑35는 급소 자리입니다. 백36의 쌍립도 모양을 정돈하는 행마법이죠.

흑37까지 앞으로 중앙 전투에 명운이 달려 있지만 지금은 중앙 백이 불투명한 데 비해 좌하귀가 견실한 흑이 아무래도 좋게 보입니다.

쉬어가는 Tip

■ 포석에서 유용한 바둑 격언

첫째가 빈 귀, 둘째가 굳힘이나 걸침, 셋째가 벌림이다: 포석의 원칙
서로 공배 되는 곳에서 손을 대지 마라: 공배는 집이 되지 않는다.
한쪽이 높으면 한쪽은 낮게 가라: 포석에서 고저장단의 중요한 원리
큰 곳보다 급한 곳이 우선이다
큰 세력에는 얕게 삭감하라: 이런 곳에 뛰어들면 몽땅 잡힌다.
걸치면 응수하는 것이 최상책이다: 귀에 양걸침을 당하면 불리하다.
마늘모로 붙이면 올라서라: 그곳이 세력의 요소이기 때문이다.
양날개를 펴라: 반대로 귀에서 양날개를 당하면 불리하다.
세칸에는 침입할 수 있다: 두칸으로 벌리면 안전하고 세칸으로 벌리면 가운데 약점이 생긴다.
걸침은 넓은 쪽에서 하라: 그래야 모양을 펼칠 수 있다.
다음이 없는 벌림은 두지 마라: 벌리고 나서 발전 가능성이 있는지 살펴야 한다.
제일착은 우상귀부터 두라: 바둑에서 상대방에 대한 예의이다.
남의 집이 커 보이면 진다
비어 있는 3三에 수 있다: 3三에는

보통 수단이 남아있다.
굳힘은 적에게 영향을 주는 쪽이 우선이다: 상대방 세력을 향한 굳힘이 우선이다.
양걸침에는 강한 쪽에 붙여라: 상대의 강한 쪽에 기대면 수습하기 좋다는 뜻이다.
일방가로는 이길 수 없다
2선은 패망선: 바둑판의 2선을 기지 말라는 뜻이다.
한간 뜀에 악수 없다: 특별한 수가 없을 때 중앙으로 한칸 뛰면 좋다.
4선은 세력선: 그러므로 상대의 4선을 밀면 세력을 허용한다.
뜀보다 벌림이 낫다: 변에 벌리고 나서 중앙으로 뛰는 것이 원칙이다.
어느 쪽에도 벌릴 수 있는 갈라치기를 하라: 갈라치기의 원칙
얕게 삭감할 때는 어깨짚기와 모자를 활용하라: 삭감의 테크닉
두터움을 울타리치지 마라: 공격에 이용하는 것이 가장 효과적이다.
1립2전, 2립3전, 3립4전은 벌림의 원칙이다
두칸 벌림은 일가를 이룬다: 그래야 집은 작아도 위험하지 않다.
협공에는 한칸, 두칸, 세칸이 있다

2장

중반전의
전투 요령

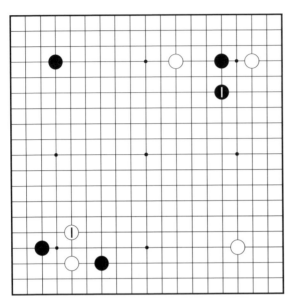

1도

● 한칸 행마의 기본

대국을 할 때는 서로 한 수씩 착점합니다. 그래서 누가 더 효과적인 수를 찾느냐가 승패에 결정적인 역할을 합니다.

행마는 돌의 움직임을 말하는데 다음 수와 연계되어 있습니다. 우선 가장 기본이 되는 한칸 행마를 살펴보겠습니다.

1도 우상귀 흑1과 좌하귀 백1은 각각 한칸 행마를 보여주고 있습니다. 이 두 곳은 각각 돌의 효율성을 잘 살린 행마입니다.

가령 2도 우상귀 흑1과 좌하귀 백1을 선택했다면 이 두 곳은 돌의 효율이 완전히 떨어진 행마라고 하겠죠.

물론 1도의 행마가 바람직하며, 2도의 행마를 해서는 안 됩니다.

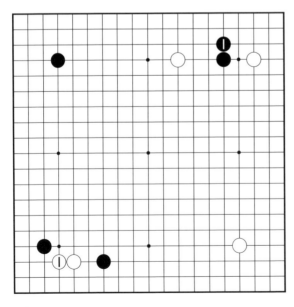

2도

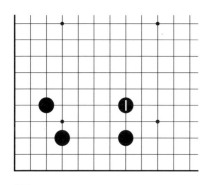

3도

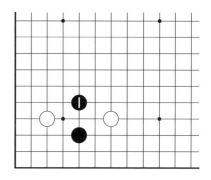

4도

● 상황에 따른 한칸 행마 1

한칸 행마는 초반부터 중반까지 다양한 상황에서 나올 수 있습니다. 지금부터 상황에 따라 한칸 행마가 어떻게 나오는지 살펴보겠습니다.

3도는 좌하귀를 중심으로 집을 확장하기 위해 중앙으로 한칸 행마를 한 것이며, 4도는 흑 한점이 달아나기 위해 역시 중앙을 향해 한칸 행마를 한 것입니다. 또 5도는 좌하귀 눈목자 굳힘을 보강하는 한칸 행마이며, 6도는 좌하귀를 배경으로 모양을 확장하는 행마입니다.

이렇듯 한칸 행마는 다양한 형태에서 나올 수 있지요. 바둑 격언에 '한칸 뜀에 악수 없다'라는 말이 있듯이 웬만한 상황에서 한칸으로 응수하는 것은 나쁘지 않다는 뜻입니다. 따라서 여러분도 실전에서 한칸 행마를 자주 구사해보기 바랍니다.

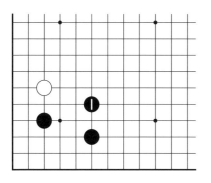

5도

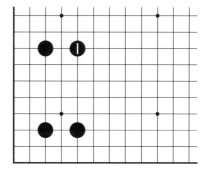

6도

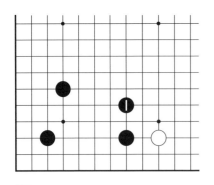

7도

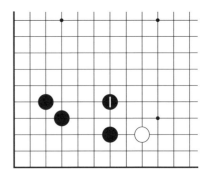

8도

● 상황에 따른 한칸 행마 2

한칸 행마가 얼마나 멋진 수인지 계속해서 살펴보겠습니다. 7도의 흑1은 좌하귀 집을 확장하며 중앙을 중시하는 한칸 행마이며, 8도 흑1 역시 좌하귀를 견실하게 보강하고 있습니다. 화점을 중심으로 지켜져 있지만 귀에는 뒷맛이 있었는데 한칸 행마로 확실히 지킨 모습입니다.

9도 흑1은 하변을 보강하며 백 한점의 공격을 엿보는 한칸 행마입니다. 이 자리에 백이 놓인다고 생각하면 그 가치를 확인할 수 있습니다. 그러면 하변 흑진도 지금처럼 넓어지지 않으며 백의 자세가 오히려 좋아지겠지요.

10도 흑1의 한칸 행마는 귀와 하변의 폭을 최대한 확장하는 좋은 자리입니다. 그러면 하변의 흑 진영은 그럴듯한 집의 형태를 갖추며 중앙에도 좋은 영향을 줄 수 있습니다.

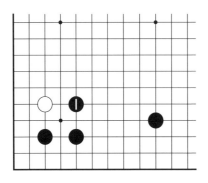

9도

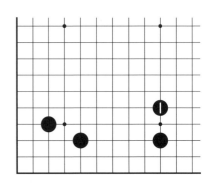

10도

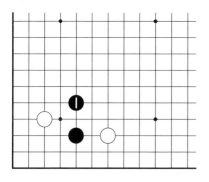

11도

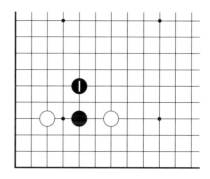

12도

●공격당할 때의 한칸 행마

한칸 행마는 공격당할 때 유용하게 활용할 수 있음을 기억해두기 바랍니다. 지금 11도부터 14도까지는 흑이 협공을 당했을 때 1로 뛰어나가는 것을 보여주고 있습니다. 모두 중앙으로 탈출하는 가장 효과적인 행마법을 보여주고 있는데, 흑이 공격을 피하기 위한 가장 좋은 행마가 바로 한칸인 것이죠.

한칸 행마는 실전에서 많이 사용하므로 반드시 어떤 상황이 도래하면 중앙으로 한칸 뛴다는 걸 염두에 두어야 합니다. 아예 '협공을 당하면 무조건 중앙으로 한칸 뛴다.' 이렇게 기억해두는 것도 좋은 방법일 테지요.

지금까지 한칸 행마의 기본 모양을 살펴보았는데요. 그렇다면 실전에서 한칸 행마가 어떻게 적용되는지 알아보겠습니다.

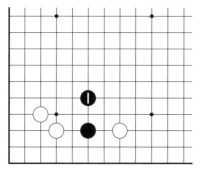

13도

14도

● 실전의 한칸 행마

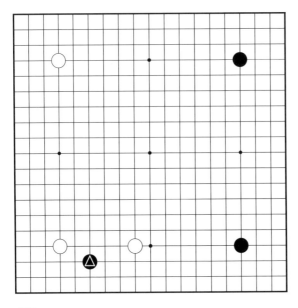

15도

15도는 바둑이 막 시작해서 서로 귀를 차지한 다음 흑이 ▲로 걸치고 백이 협공한 장면입니다. 흑은 한점을 탈출하는 행마를 해야 하는데요. 여기서 여러분이 배운 한칸 행마가 적절하게 떠오릅니다.

16도 흑1로 뛰어나가는 게 좋은 행마법입니다. 물론 흑1로 다른 좋은 수단도 있지만 지금은 여러분이 배운 한칸 행마를 적용해 보면 편할 것입니다.

흑1이면 5까지는 기본 정석이니 바로 이 순간 암기해두면 좋습니다. 이후 선수를 잡은 백은 6으로 걸쳐가며 실전을 이어가겠지요.

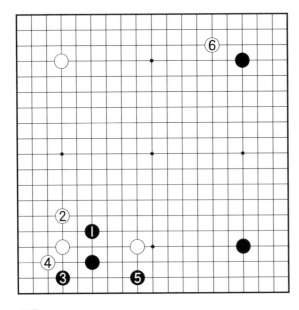

16도

● 세력의 중심점 1

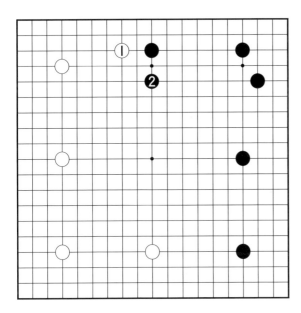

17도

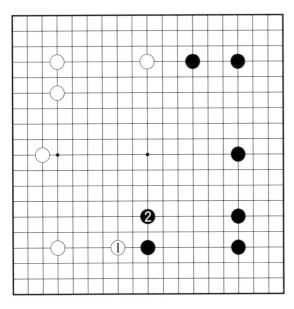

18도

중앙으로 뛰는 한칸 행마는 세력 전체의 중심에 있을 때 진가를 발휘합니다. 상대 돌의 위치에 따라 중앙으로 뛰어나가면 그 주위 자기 돌의 모양이 아주 좋아지는 경우가 많다는 뜻입니다.

　17도와 18도의 실전을 보면 백1로 다가섰을 때 흑이 2로 중앙을 향해 뛰어나간 모양을 보여주고 있습니다.

　17도는 우상귀를 중심으로 상중앙이 아주 좋아지며, 18도는 우하귀를 중심으로 하중앙이 부풀어 오르는 것을 확인할 수 있습니다.

● 세력의 중심점 2

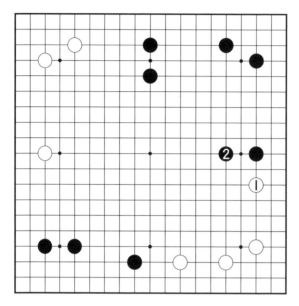

19도

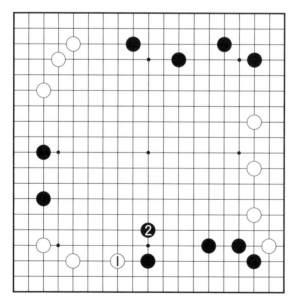

20도

포석은 귀를 굳히거나 걸쳐간 후 변을 벌려가는 것이 요령이라고 했습니다.

지금 19도와 20도는 서로 귀를 지키면서 변으로 확장해가며 좋은 모양을 만들어가고 있습니다.

이후 백1로 벌리면서 흑의 다음 행마가 중요한데요. 바로 흑2로 뛰어나가는 한칸 행마가 좋습니다. 이곳은 판 전체를 아우르는 세력의 중심점이기도 하지요.

19도 흑2로 우중앙의 세력이 그럴듯하게 보이며, 20도 흑2는 하변 흑집을 튼튼하게 지키면서 향후 중앙을 운영하는 좋은 수입니다.

이렇게 한칸 행마는 세력을 부풀리며 자기 돌을 튼튼하게 해주는 좋은 역할을 해주고 있습니다.

● 탈출하며 공격도 노리는 한칸 행마

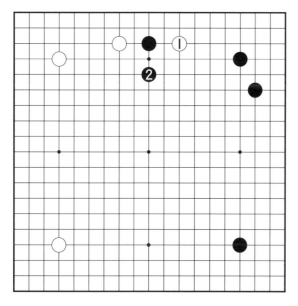

21도

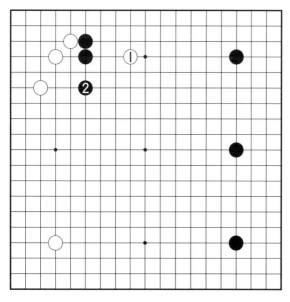

22도

필자는 왕초보 시절 '줄바둑'을 두다가 어느 날 한칸 행마를 아는 순간 바둑이 급속도로 늘어가는 경험이 있습니다. 여러분도 지금 배운 한칸 행마를 잘 익힌다면 실전에 아주 유용하게 활용하여 자기도 모르게 실력이 향상되는 것을 확인할 수 있겠지요.

21도와 22도는 달아날 때 한칸 행마가 아주 효과적임을 보여줍니다. 백1로 공격당할 때 흑2로 뛰어나가는 순간 공격에서 어느 정도 벗어난 느낌입니다. 그러면 나아가 백에 대한 공격까지 노릴 수 있습니다.

이후 과정은 천천히 알아가도 좋습니다. 지금은 이 정도까지만 이해해도 여러분과 비슷한 기량에서는 압도적인 실력을 발휘할 것입니다.

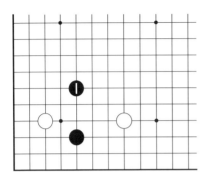

23도

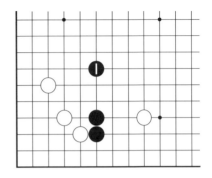

24도

● 두칸과 눈목자 행마

사실 두칸 행마와 눈목자 행마는 초보 시절에는 자세히 몰라도 되지만 실전에 가끔 나오므로 아주 간단한 것만 확인해 보겠습니다. 23도와 24도는 두칸 행마이며, 25도와 26도는 눈목자 행마를 보여주고 있습니다.

사실 이렇게 간격이 떨어져 있으면 나중에 단점이 노출될 염려가 있으므로 실력이 어느 정도 있지 않고서는 사용하기 어려운 점도 있습니다. 그러므로 여러분은 웬만하면 두칸과 눈목자보다는 한칸 행마를 활용하는 것이 일단 좋을 테지요.

만약 상대가 이런 행마를 사용해 온다면 일단 여러분은 다른 큰 곳을 차지한 후 이곳의 단점을 찾아 공략하면 좋습니다. 지금은 그런 자세한 테크닉은 모르더라도 이론이라도 이 정도 이해하고 있으면 되겠지요.

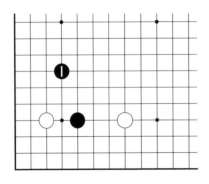

25도

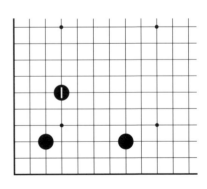

26도

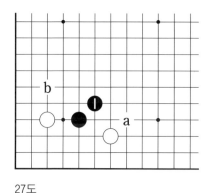

27도

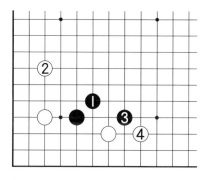

28도

●마늘모 행마

27도 흑1로 대각선 방향으로 두는 것이 마늘모 행마입니다. 마늘모 행마는 느린 듯해도 아주 튼튼하고 탄력이 있어 실전에 자주 사용합니다. 다음 흑은 a로 씌워가거나 b로 압박해가는 수를 엿보고 있습니다.

계속해서 28도 백2로 벌리면 흑3과 백4를 교환한 다음 흑은 손을 돌려 다른 큰 곳을 차지해도 됩니다. 만약 29도 백2로 하변을 보강하면 이번에는 흑3, 5로 귀의 백을 압박합니다. 이처럼 마늘모 행마는 초반에 활용할 수 있지만 중반 이후에도 돌을 연결할 때나 달아날 때 흔히 사용하는 행마법이므로 모양을 기억해두면 좋습니다.

30도 흑1의 마늘모 붙임은 지금처럼 백 한점의 근거를 주지 않으며 공격할 때 사용하는 행마입니다. 다음 백2를 기다려 흑❷ 한점과 호응하며 3으로 씌워 가면 흑이 활발한 모습입니다.

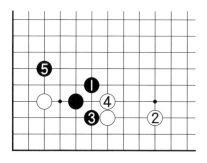

29도

30도

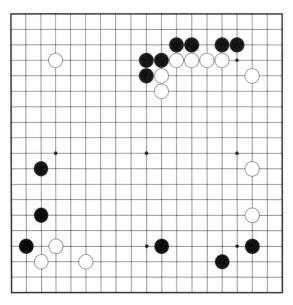

1도

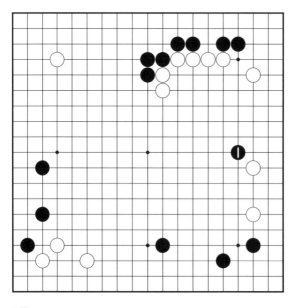

2도

● 어깨짚기

보통 삭감은 상대 진영이 집으로 부풀어 오르기 전에 적당한 시기를 찾아 그 세력을 지울 때 사용합니다. 이때 삭감 시기와 더불어 위치도 중요한데요. 위치에 따라 부르는 이름이 있습니다.

1도를 살펴보면 백의 우변이 상당히 부풀어 오를 조짐입니다. 이를 간과하고 있다가는 백집을 크게 줄 수 있으므로 그 전에 흑은 견제할 필요가 있는데요. 여기서 초보들은 상대 진영에 덤벙 뛰어들다 고전을 자초하는 경우가 많습니다.

지금은 2도 흑1의 삭감이 적절한 호착입니다. 이런 모양을 '어깨짚기'라 부르지요. 한번 흑1을 30초만 지긋이 감상해 보십시오. 우변 백진 전체가 약화되는 모습 느끼나요?

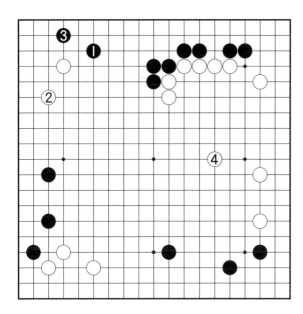

3도

만약 3도 흑이 상변만 생각하면 1, 3의 선택도 나쁘지 않지만 지금은 백이 손을 돌려 4의 좋은 자리를 차지할 테지요. 이렇게 되면 우변 백집은 크게 굳어질 가능성이 높습니다.

그래서 4도 흑1이 급한 자리입니다. 어깨짚기 바로 그것이죠. 이때 백이 선택할 수 있는 방법은 a와 b의 두 가지인데요.

여기서 이 두 가지에 대한 간단한 응수법을 알아보겠습니다. 이 수순은 초중반에 유용한 행마법이기도 합니다.

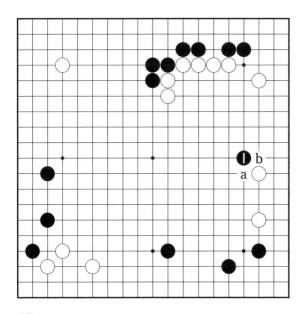

4도

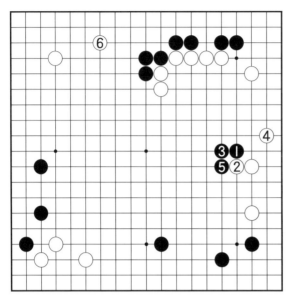

5도

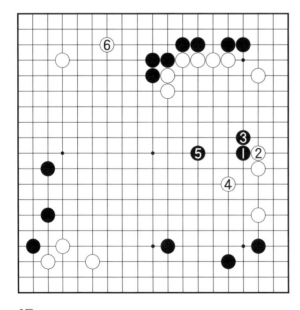

6도

먼저 5도 백2로 미는 행마를 살펴보겠습니다. 다음 흑3은 절대점이며 이때 백은 4의 날일자 행마가 요령입니다. 그러면 흑은 5로 두텁게 막아둡니다. 이제 흑은 우변 백의 세력을 거의 지우면서 소기의 성과를 거두었습니다.

다음 6도 백2쪽으로 밀면 이번에는 같은 이치로 흑3으로 늘어둡니다. 그리고 백4의 날일자로 공격해오면 흑5로 가볍게 뛰어둡니다. 이때 흑5가 두칸 행마네요. 흑1, 3의 두점이라 5의 두칸 뜀이 가능한 것이죠. 이후 백은 6의 벌림이 큰 자리이고 이제부터 여러분의 능력에 따라 바둑이 진행됩니다.

다시 한번 반복하지만 5도와 6도의 흑5까지는 초중반에서 중요한 행마법이니 기억해두기 바랍니다.

● 모자씌움

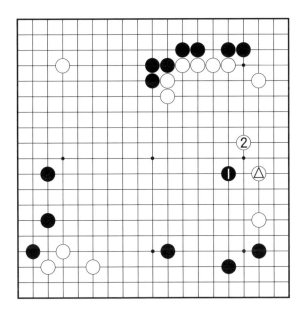

7도

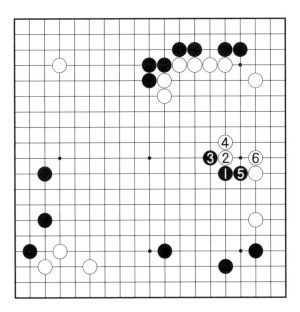

8도

삭감하는 방법에는 어깨 짚기와 모자씌움을 주로 사용하는데요.

지금 7도 흑1이 바로 '모자씌움'입니다. 백△ 한점에 대해 덮어 씌운 모양이어서 모자씌움이 라고 합니다. 줄여서 '모 자'라고도 하죠.

다시 한번 설명하면 보통 3선이나 4선의 상 대 돌에 위에서 한칸으 로 둔 모습이 모자씌움 입니다.

7도 흑1에는 백2로 받 는 것이 보통이고요. 때 로는 8도 백2로 붙여가 며 우상 백집을 확실하 게 지키는 수법도 있습 니다.

이 결과는 앞쪽 2도의 어깨짚기보다는 흑이 약 간 불만입니다. 2도에 비해 7도와 8도는 백집 이 좀 더 크게 굳어졌기 때문입니다.

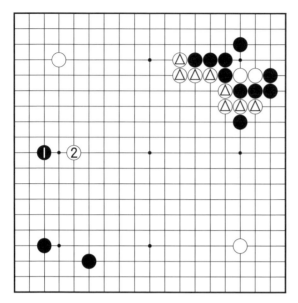

9도

모자씌움은 주로 상대의 3선에서 5선으로 씌워 가는 형태로 많이 나오는데요.

지금 9도 흑1에 백2로 씌워가는 게 그렇습니다. 초반인데도 백2는 귀나 변을 제치고 중앙을 우선하는 점이지만 이 시점에서 대세의 요처가 되고 있습니다. 그 이유는 우상 백△들이 두텁기 때문이죠.

계속해서 10도 백2에는 흑3으로 받는 게 보통이며, 이 수가 좌변 흑의 실리를 확보하는 좋은 곳입니다.

백도 중앙의 두터움을 살려 6까지 진행한다면 상대에게 실리를 내주었지만 백은 충분한 세력을 얻었습니다.

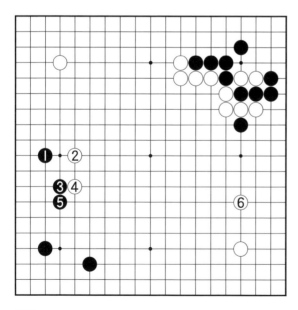

10도

●4선은 세력선

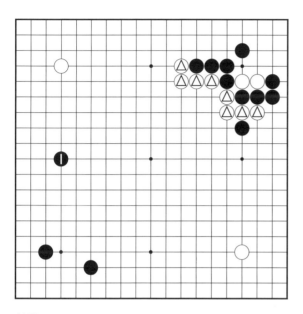

11도

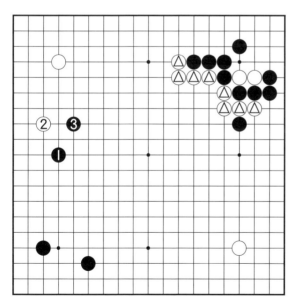

12도

그래서 흑의 작전도 다시 생각해볼 필요가 있는데요.

지금은 11도 흑1의 4선 전개가 좋은 곳입니다. 흑1은 좌변을 키우면서 우중앙 백△의 두터움을 자연스럽게 견제하는 것이죠.

이때 백이 12도 백2로 다가서면 계속해서 흑3으로 모자를 씌워 중앙을 견제합니다. 흑은 이미 우상귀의 실리를 벌었으므로 우상에 펼쳐져 있는 백△들의 세력을 약화시키면 만족입니다.

그래서 상대의 세력을 견제하거나 내 세력을 확장할 때는 3선보다는 4선을 선택하는 것이 좋을 경우가 많습니다.

● 4선에서의 공방

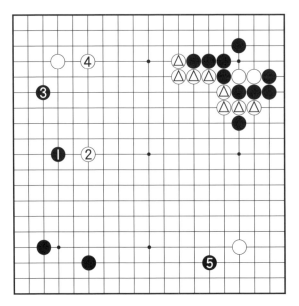

13도

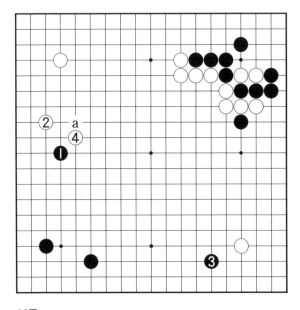

14도

여기서 만약 백이 고집을 부려 13도 흑1에 백2의 모자로 중앙을 중시하면 어떨까요?

물론 백도 우상 쪽의 △들을 바탕으로 세력이 좋지만, 흑은 3의 걸침을 선수하고 우하귀 5로 발 빠르게 모양을 펼쳐 나가 백보다 더욱 활발한 모습입니다.

그래서 14도 흑1에는 백2로 다가서는 것이 좋은 곳입니다. 이때 만약 흑이 a 자리를 게을리 하고 바로 우하귀 흑3으로 걸쳐간다면 백은 당장 4로 씌워갈 것입니다. 그러면 상변 백의 세력이 부풀어 올라 흑이 좋을 리 없습니다.

이 진행은 흑도 겁나므로 결국 이 부근 최선의 공방은 앞쪽 12도이며 서로 불만 없는 모습이라고 하겠습니다.

● 모자 삭감의 중심점

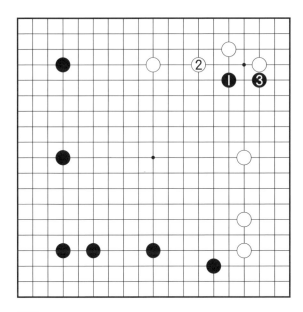

15도

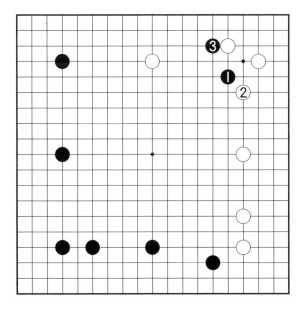

16도

모자씌움은 상대의 세력을 삭감하면서 자신의 세력을 키워갈 때 가장 효과적입니다.

앞에서 배운 9도와 12도의 두 가지 모자씌움은 각각 삭감하면서 세력을 키워가는 효율 만점의 방법입니다.

지금 15도 흑1의 모자씌움은 우상 양날개를 펼친 백의 세력을 삭감하는 중심점에 해당됩니다. 백2로 상변을 지키면 흑3으로 우변을 부수고, 16도 백2로 우변을 지키면 이번에는 흑3으로 상변 백진을 무너뜨립니다.

이렇게 모자씌움은 공격을 덜 받으면서 은근히 상대 진영을 삭감하는 데 많이 사용합니다.

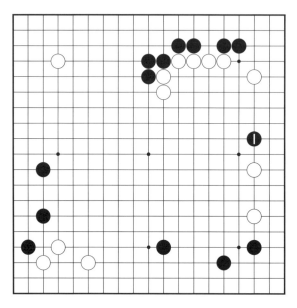

1도

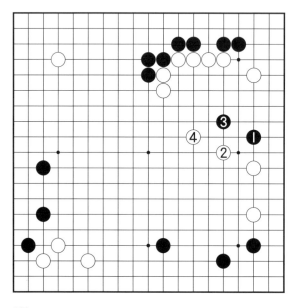

2도

뛰어드는 두 방법

상대 진영에 뛰어드는 경우는 두 가지가 있습니다. 첫째, 아예 무리하게 뛰어들어 고생을 자초하거나 둘째, 상대 진영을 직접 부수고자 강하게 뛰어드는 경우가 있습니다. 물론 바둑이 진화하면 무리한 뛰어들기는 피해야 하겠지요. 상대 진영에 어떻게 뛰어들든 모두 공격을 받게 되는데요. 만약 타개만 잘 이루어지면 일거에 상대를 앞설 수 있습니다. 뛰어들기의 묘미는 여기에 있습니다.

1도는 앞서 삭감 부분에서 나온 모양인데 흑1은 무리한 뛰어들기의 표본입니다. 2도 백2, 4의 공격이 아주 좋습니다. 그러면 흑은 난처한 상황을 맞이합니다. 그래서 흑1의 뛰어들기는 무리한 것이죠.

● 잘못된 공격

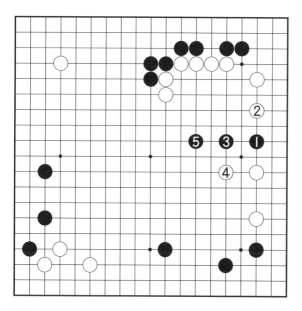

3도

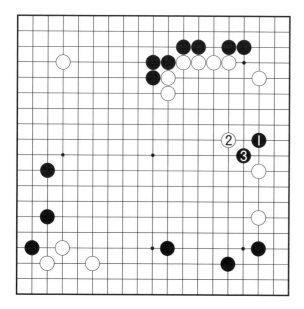

4도

만일 3도 흑1의 뛰어들기에 공격이 실패하면 백집은 통째로 부서집니다. 백2가 잘못된 공격의 대표적인 모습인데요. 흑의 근거를 빼앗는다고 생각하며 공격한다고 했지만 지금은 잘못된 방향입니다.

그러면 흑3, 5로 가볍게 뛰어나가기만 해도 백의 공격권에서 쉽게 빠져나갈 수 있습니다.

또 4도 백2의 모자씌움도 그럴듯한 공격이지만 역시 지금은 흑3으로 쉽게 빠져나갈 수 있어 잘못된 공격입니다.

이렇듯 무리하게 뛰어들어도 상대가 공격을 잘못하면 일거에 우위를 점할 수 있습니다.

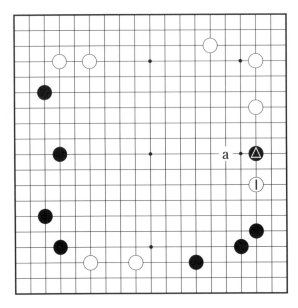

5도

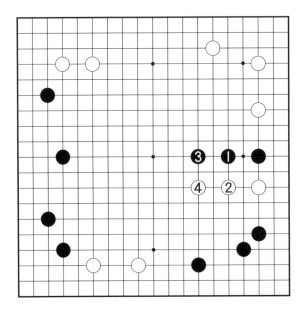

6도

5도는 기본 포석이 마무리되고 백이 강하게 1로 뛰어든 장면입니다.

지금 백1은 우변 흑의 진영을 견제하며 흑❷ 한점을 공격하겠다는 강수입니다. 자칫 이 부근을 방치하면 흑이 a로 뛰어 우변 세력이 부풀어 오를 수 있습니다.

이렇게 강하게 뛰어들 때 흑의 대처법도 알아두면 좋습니다.

6도 흑1로 뛰어두면 무난합니다. 물론 백2, 4로 탈출하지만 흑도 뛰어나가며 자연스럽게 상변 백의 두터움을 삭감하고 있습니다.

이렇게 백이 강하게 뛰어들어 탈출해도 서로 무리하지 않으면 잘 어울린 한판의 바둑이 되는 것이죠.

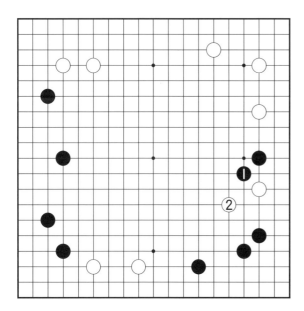

7도

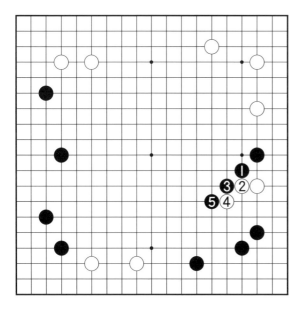

8도

상대 진영에 강하게 뛰어들기 위해서는 공격을 당했을 때 그 타개법도 중요한데요. 지금도 마찬가지입니다.

7도 이번에는 흑1의 마늘모로 더욱 압박하며 공격해오는 중입니다. 이때 백2의 가벼운 행마법을 기억해 두십시오. 백은 이 날일자 행마로 쉽게 흑의 진영을 탈출할 수 있습니다.

그런데 만약 8도 흑1에 백2로 우직하게 나간다면 백은 고전을 자초하게 됩니다. 흑3, 5로 이단젖히는 공격이 백은 괴롭습니다.

그러므로 백은 상대 진영에 뛰어들 때에는 가볍게 행마하며 타개하는 것이 좋습니다. 7도 백2의 날일자 행마를 꼭 기억해 두기 바랍니다.

● 공격에 대한 타개법 2

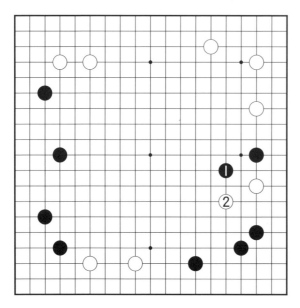

9도

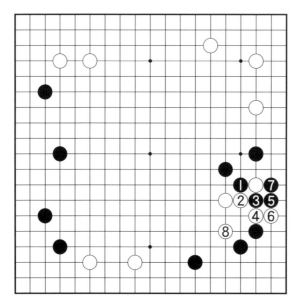

10도

흑이 공격하는 방법 가운데는 9도 흑1의 날일자도 있습니다.

이때 역시 백은 가볍게 2의 날일자로 탈출하는 것이 좋은 타개법입니다. 그러면 백은 더 이상 세찬 공격을 할 수 없습니다.

이후 백은 공격하고 있는 흑 두점을 역공하는 기회도 노릴 수 있습니다.

만약 여기서 10도 흑이 1, 3으로 나와 끊는다면 백은 한점을 가볍게 버려도 좋습니다.

흑은 7까지 백 한점을 잡았지만 그 사이 우변이 완전히 뚫렸고 백8의 자세가 너무 좋아 백의 타개가 성공한 모습입니다.

● 갈라치며 뛰어들기

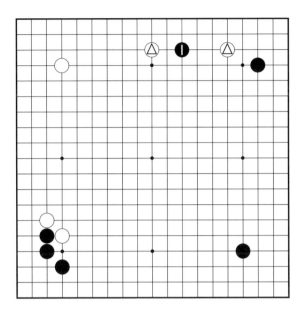

11도

11도의 흑1은 백△의 두 점을 갈라치며 뛰어든 장면입니다.

초반 포석이 마무리 되기 전에 이렇게 뛰어 들면 초반 시작부터 전 투를 피할 길이 없는데 요. 그러면 보통 맥락 없 이 뛰어든 흑이 좋을 리 없습니다.

여기서 백의 행마가 중요한데요. 초반의 잘 못된 선택이 판 전체를 그르칠 수 있으므로 잘 대처해야 합니다.

먼저 12도 백1의 날 일자로 귀의 흑을 압박 해가는 수법이 좋은 행 마법입니다.

계속해서 백3, 흑4를 교환한 후 백5로 씌워 가 면 백이 활발한 모습입 니다.

그러므로 11도 흑1의 뛰어들기는 초반 포석부 터 약간 무리한 행마라 고 볼 수 있습니다.

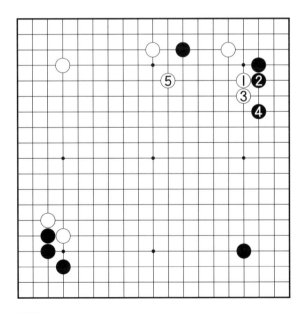

12도

●기대기 전법

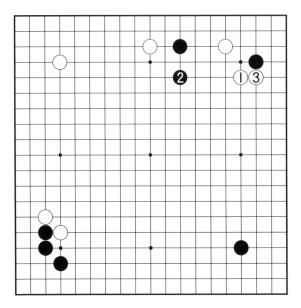

13도

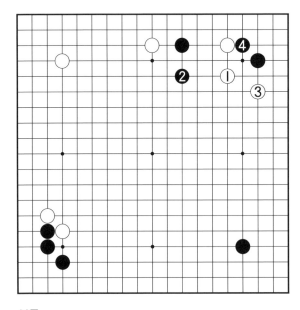

14도

만약 13도 백1에 흑이 2로 뛰어나간다면 백3으로 막아 귀의 흑 한점이 고립되므로 백의 만족입니다. 귀의 흑 한점을 무력화시켰을 뿐 아니라 백3으로 막은 자세가 우변에도 좋은 영향을 주기 때문입니다.

백1은 일종의 기대기 전법인데 그 효과를 보는 순간입니다.

그런데 14도 백이 단순하게 1의 한칸으로 뛰어나가는 것은 흑도 2로 함께 뛰어나가 백의 다음 수가 그리 강력하지 않습니다. 기껏 백3으로 봉쇄하는 정도이지만 흑은 4로 붙여 귀를 살리는 데 어렵지 않습니다. 그러면 백의 작전 실패입니다.

앞쪽 12도와 13도의 백1로 씌워가는 타이트한 작전을 알아두기 바랍니다.

● 세칸 벌림에서의 뛰어들기

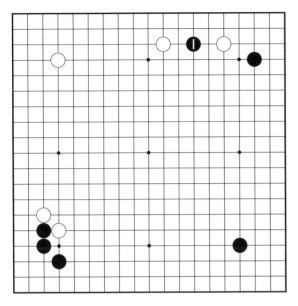

15도

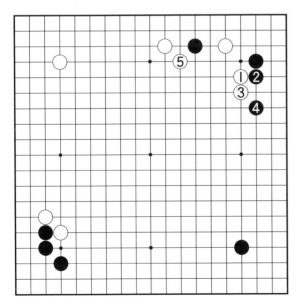

16도

상대 진영에 뛰어들려면 돌과 돌의 사이가 세칸 이상 벌려 있을 때 가능한데요.

지금 15도 상변 백은 세칸 벌려져 있습니다. 앞쪽에서 배운 네칸보다 한칸 좁은 형태인데 역시 초반 시작부터 흑1의 뛰어들기는 무리수입니다.

16도 앞에서 배운 바와 같이 백1의 날일자로 압박해가는 행마법이 아주 좋습니다. 흑4까지 강요한 후 백5로 씌우면 흑 한점은 완전히 고립되어 살아가기 어렵습니다. 결국 흑의 뛰어들기는 실패로 돌아갔습니다.

그러므로 초반부터 막무가내로 뛰어드는 것은 좋지 않은 결과가 많습니다.

● 뛰어들기를 두려워 말라

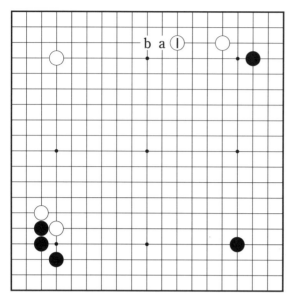

17도

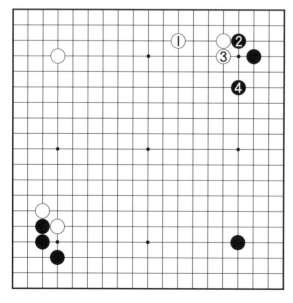

18도

앞에서 배운 대로 17도 백이 a나 b로 벌려야 하는데도 1로 좁게 벌리는 것은 불만입니다. 그 이유는 18도에서 확인할 수 있습니다. 백1로 두 칸 벌림이면 바로 흑2와 백3을 교환한 후 흑4로 벌려 흑은 이상적인 모습입니다.

18도를 자세히 살펴보면 백의 모양이 중복임을 알 수 있습니다. 백3과 함께 붙은 두점이 나란히 서 있어 이런 모양을 이립(二立)이라고 합니다. 여러분이 '벌림과 전개' 부분에서 배웠듯이 '이립이면 삼전(三展)', 즉 세칸으로 벌려야 하는데 지금은 두칸 밖에 안 되므로 중복인 것이죠. 그래서 백이 귀에서 벌릴 때는 17도 a나 b로 넓게 벌려야 하며, 여기에 상대가 뛰어드는 것을 두려워해서는 안 됩니다.

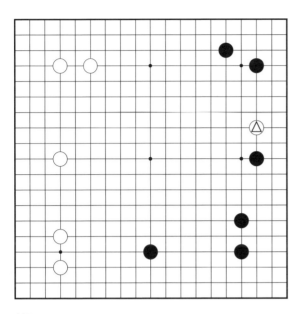

1도

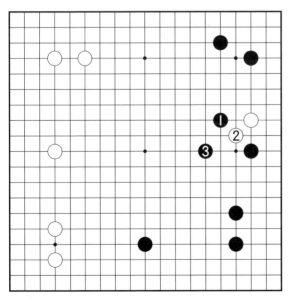

2도

● 공격은 일정 간격을 두며 압박하라

상대의 돌을 공격할 때는 한 발 떨어져서 압박하는 것이 유리합니다. 하수일수록 상대 돌에 부딪치며 공격하는 경우가 많은데요. 이러면 좋은 결과를 얻기 힘듭니다.

한번 더 강조하지만 공격할 때는 상대의 돌에 일정 간격을 두며 압박하는 것이 효과적입니다. 꼭 머릿속에 간직하기 바랍니다.

1도 백△ 한점을 공격하는 방법인데요. 앞서 삭감과 뛰어들기에서 배운 몇 가지 방법을 응용해보면 떠오르는 생각이 있을 겁니다.

먼저 2도 흑1의 모자씌움이 첫눈에 들어오는 공격입니다. 계속 백2로 도망가려고 하면 흑3의 날일자 공격이 하이라이트입니다.

● 공격의 효과

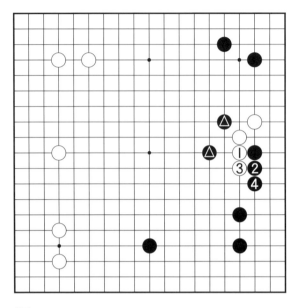

3도

계속해서 3도 백은 1, 3
으로 나오게 되는데요.
그렇다면 흑은 자연스럽
게 2, 4로 우변을 굳히
게 됩니다.

더군다나 흑❷ 두점
이 중앙을 향해 활발한
모습이어서 더욱 돋보입
니다. 백의 고전이 역력
한데요.

다음 4도 백1로 근거
를 찾으려고 해도 흑2로
중앙을 단속합니다. 백
은 바로 3으로 뚫고 나오
려고 하지만 이 역시 흑4
의 봉쇄가 너무 좋아 백
이 답답한 상황입니다.

결국 흑이 공격의 효
과를 톡톡히 보는 모습
입니다. 즉 공격을 통해
집을 굳히며 세력도 쌓
는 것이 요령입니다.

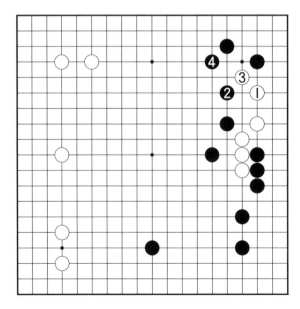

4도

● 잘못된 공격

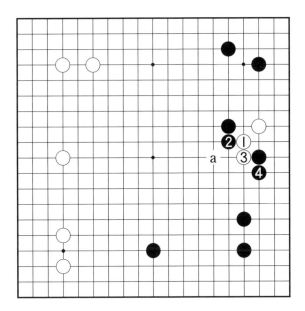

5도

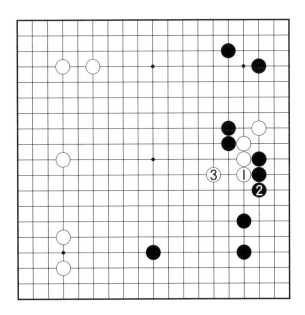

6도

5도 백1로 빈틈을 비집고 나올 때 흑의 행마법은 앞에서 배운 대로 a의 날일자 공격이라 했습니다.

그런데 많은 초심자분들은 흑2로 막아간다는 것이 문제이죠. 금세 먹잇감을 잡을 듯이 흑2의 타이트한 공격으로 만족한다는 것이 초심자의 잘못된 사고입니다.

그러면 백3으로 나오는 순간 백이 쉽게 탈출할 수 있습니다. 다음 흑4로 늘어야 하는데~

계속해서 6도 백1과 흑2를 교환한 후 힘차게 백3으로 뛰어나가는 자세가 나옵니다.

이 모양과 앞쪽 흑의 공격 결과를 비교해보기 바랍니다.

● 두터움을 활용하라

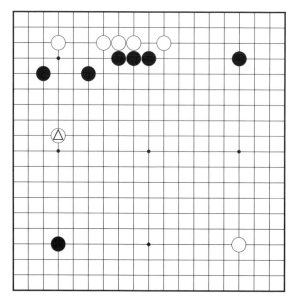

7도

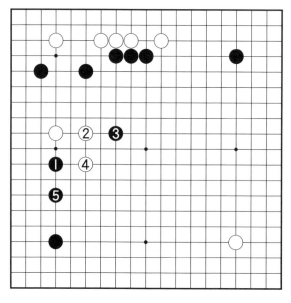

8도

7도 판 전체를 살펴보면 좌상귀 흑이 상변 백을 압박하며 눌러간 장면이고, 그 대가로 백은 실리를 얻었지만 흑은 세력을 만든 결과입니다.

다음 흑은 이렇게 형성된 두터움을 활용해 백△를 공격하면 좋은데요. 어떻게 공격하는 것이 효과적일까요?

8도 흑1로 다가선 것은 좌변 백에게 근거를 주지 않으려는 절대점입니다. 다음 백2로 중앙으로 도망갈 때 흑3의 모자 씌움이 아주 적절한 작전입니다. 상변의 두터움을 활용해 은근히 좌변 백을 공격하려는 뜻인 거죠. 백4로 움직일 때 흑5로 지키면 흑은 중앙 두터움도 살리면서 좌변이 어느 정도 집으로 확정되어 공격의 효과를 거두고 있는 모습입니다.

● 공격 실패

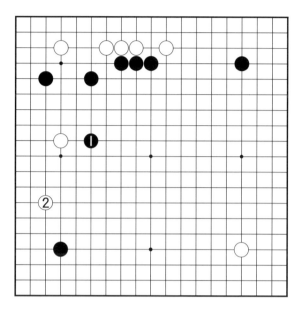

9도

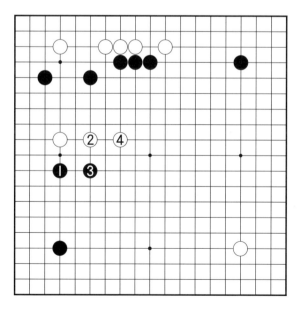

10도

처음부터 9도 흑1로 섣불리 모자를 씌우면 백2의 벌림을 허용해 공격 실패입니다.

공격을 할 때에는 먼저 상대의 벌릴 자리를 선점하며 근거를 빼앗는 것이 요령입니다.

지금 같으면 백2의 벌림으로 백이 어느 정도 안정된 모습을 확인할 수 있겠지요?

또 10도 흑1과 백2를 교환한 후 흑이 욕심을 부려 3으로 좌변을 키우려고 하는 것은 좋지 않습니다.

백4로 중앙을 향해 뛰어나가면 백의 모습이 활발할 뿐 아니라 좌상 흑의 세력이 약화되어 흑의 공격이 실패로 돌아간 결과입니다.

● 두터움에 접근하면 위험하다

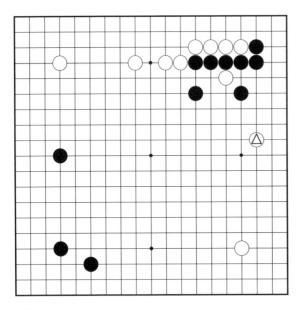

11도

11도는 백△가 우상 쪽 흑의 두터움에 너무 바짝 다가선 느낌인데요. 결론적으로 이 수는 우하귀에서 너무 많이 벌려 위험합니다. 이렇게 상대 세력이 강할 때에는 그 세력과 많이 떨어져서 벌리는 것이 정수입니다. 그렇지 않으면 상대에게 공격의 빌미를 제공합니다.

지금 같으면 흑이 백△ 한점을 공격하겠군요. 어떻게 공격하면 좋을까요?

12도 흑1로 공격하는 것이 좋은 착상입니다. 자신의 세력을 활용하는 공격법인데요. 백2 이하 중앙으로 도망가지만 아직 우변 백 전체가 공격의 대상이며 흑은 이를 노리면서 발 빠르게 7과 9로 큰 곳을 차지합니다. 전체적으로 흑이 활발한 모습이며 주도권을 잡아가고 있습니다.

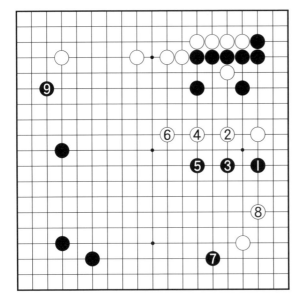

12도

● 두터움을 집으로 만들지 마라

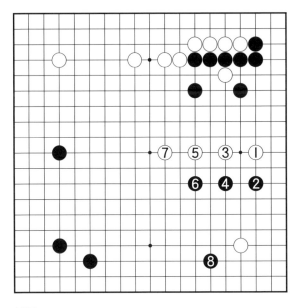

13도

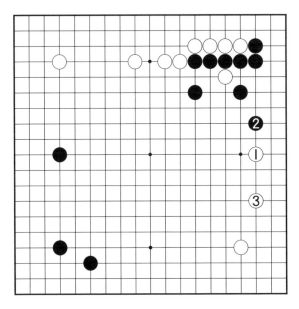

14도

13도 백1은 11도에 비해 한칸 덜 벌렸지만 아직 적당한 벌림이라고 볼 수 없습니다. 이 수 역시 흑의 두터움에 다가선 모습입니다. 흑은 당장 2로 갈라치며 백 한점을 공격하는 것이 요령입니다. 이하 백은 7까지 중앙을 향해 도망갈 수 있지만, 그러면 흑이 8로 걸치며 주도권을 차지할 수 있습니다.

그런데 14도 백1에 흑 2로 우상 쪽의 집을 지키려고 하는 것은 정말 옹졸한 결정입니다. 흑2로 벌린 자리가 크지도 않을 뿐더러 백3으로 지킨 백의 모습이 너무 좋아 이 진행은 흑이 불리합니다.

그러므로 두터움을 집으로 만드는 작전보다는 공격을 통해 활용하며 이득을 보는 것이 훨씬 좋습니다.

● 적당한 벌림

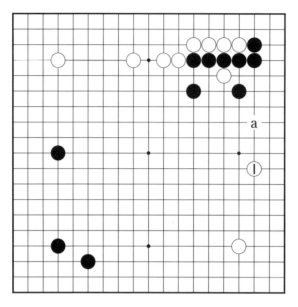

15도

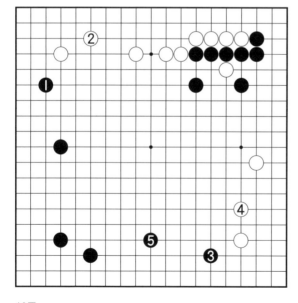

16도

여기서는 15도 백1이 적당한 벌림입니다. 백은 a의 벌림으로 근거를 마련하는 수도 남아 있고 중앙으로 뛰어나가는 길도 열려 있습니다.

백1이 상대의 세력을 견제하며 내 진영을 키우는 아주 좋은 벌림입니다. 이제는 흑도 작전을 변경하는 것이 좋습니다.

16도 흑1부터 큰 곳을 차지하는 것이 현명한 작전입니다.

우하 쪽에서는 흑3, 5로 발 빠르게 전개하며 모양을 결정짓는 것이 좋은 수순이며, 그러면 흑은 선착의 효가 살아 있는 바둑이라고 할 수 있습니다.

● 근거를 주지 않는 붙임

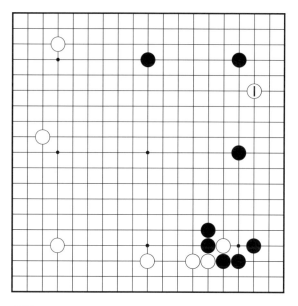

17도

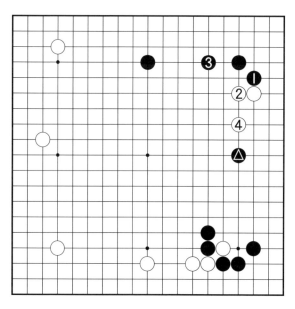

18도

17도 백1은 흑의 진영에 침입한 장면인데요. 이 백 한점이 잡힐 돌은 아니지만 흑이 공격을 효과적으로 잘한다면 좋은 결실을 얻을 수 있습니다.

18도 흑은 1로 붙여 백에게 근거를 차단하며 타이트하게 공격해 가는 것이 요령입니다. 백은 4까지 비좁으나마 자리를 잡으려고 하지만 뭔가 부족해 보입니다.

백은 이립삼전 해야 제격인데, 지금은 흑▲가 보기 좋게 자리하고 있어 백이 벌려가는 데 한계가 있는 것이죠. 고작 백4로 벌리는 게 최선인데요. 계속해서~

● 공격의 마늘모

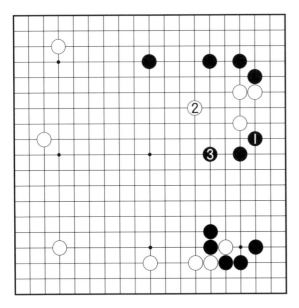

19도

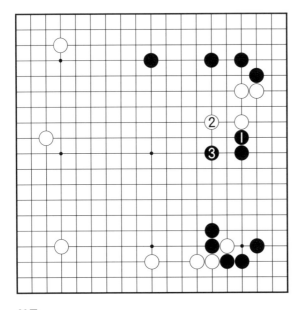

20도

19도 흑1로 압박하는 것이 좋습니다. 이 마늘모 행마가 백의 근거를 빼앗으며 계속 공격해가는 요령입니다.

백은 2로 중앙을 향해 나갈 수밖에 없고요. 이때 흑3으로 뛰어 중앙에 자리를 잡으면 우변 흑의 모양이 그럴듯합니다.

또 20도 흑1로 두텁게 치받아 두고 백2를 기다려 흑3으로 흐름을 타는 행마법도 있습니다. 이것 역시 우변 흑의 모습이 제법 좋아 백을 공격하며 얻은 효과라고 할 수 있습니다.

참고로 우변 백은 아직 살아있는 모습이 아니므로 흑은 이 돌들을 노리며 향후 또 다른 이득을 볼 수 있겠지요.

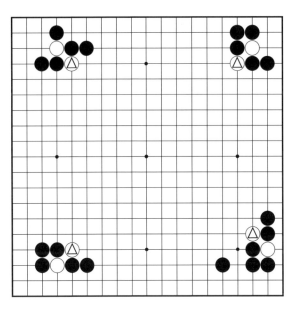

1도

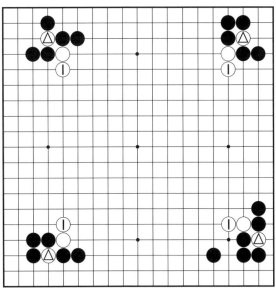

2도

● 버려도 되는 돌

대국을 하다 보면 내 돌이 잡히는 경우가 있는데요. 그중 돌을 희생하거나 잡혀도 큰 손해가 없을 경우가 있습니다. 이럴 때 그 돌을 '폐석'이라 부르며 이 돌은 버려도 상관없습니다. 반대로 중요한 돌은 '요석'이라 합니다. 요석은 가급적 살려야 합니다.

가령 1도 백△들은 완전히 불필요한 돌입니다. 비록 모양 상 흑을 끊고 있다고 하지만 반대쪽의 백 한점이 이미 잡혀 있어 너무 나약한 돌입니다. 그래서 이런 백△들은 버려도 되는 돌이라고 합니다.

2도 백1로 힘을 갖춰봐야 그다지 쓸모가 없습니다. 그 이유는 앞서 말한 대로 끊어 있는 백△들이 이미 잡혀 있기 때문이죠.

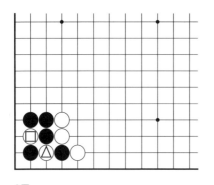

3도

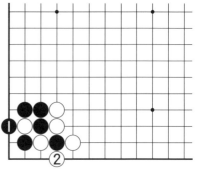

4도

● 어느 돌을 따낼까?

대국 중에는 돌을 따내지 않아도 이미 잡혀 있는 돌이 있습니다. 그런 돌들은 굳이 가일수해서 따낼 필요가 없습니다. 자동으로 잡혀 있기 때문이죠.

3도를 가만히 살펴보면 백△와 ⬜가 단수되어 있는 모양으로 주변 돌들이 붙어 약간은 복잡해 보입니다. 하지만 흑이 여기서 따낸다면 오직 한 수밖에 없습니다. 가령 4도 흑1로 백 한점을 따내면 어리석은 짓입니다. 즉, 이 한점은 이미 잡혀 있는 돌이므로 굳이 이렇게 따내지 않아도 되는 것이죠. 백은 2로 이쪽 흑 한점을 따내며 만세를 부를 것입니다.

흑이 서둘러야 할 곳은 5도 흑1로 이쪽의 따냄입니다. 서로 단수되어 있는 곳이므로 먼저 백 한점을 따내는 것이 현명한 행동입니다. 6도 흑1로 키우는 것도 백을 잡을 수 있지만, 이러면 백a의 선수가 남아 좋지 않습니다. 따라서 5도의 흑1로 확실히 따내는 것이 정수입니다.

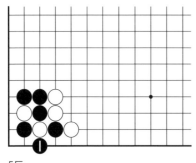

5도

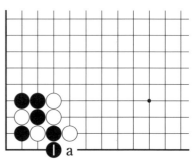

6도

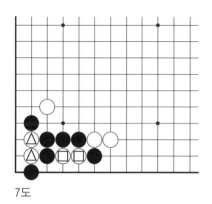

7도

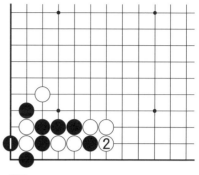

8도

●어느 돌을 잡을까?

이번에는 7도 흑이 백△와 ▢, 각각 두점을 잡을 수 있는 모양인데요. 중요한 것은 어느 돌을 잡느냐입니다. 가령 8도 흑1로 잡는다면 백2로 흑 한점을 잡으며 하변 백 두점은 살아가게 됩니다. 이러면 흑이 밑지는 장사죠.

9도 흑1로 잡는 것이 정수입니다. 그러면 흑은 하변의 백 두점을 잡았을 뿐 아니라 백2로 덤벼 와도 흑3으로 단수해 양쪽 백을 모두 잡은 모양입니다. 그래서 돌을 잡을 때는 모양을 잘 파악하여 중요하게 영향을 끼치는 쪽을 잡아야 합니다. 참고로 9도 흑1은 10도 흑1과 백2를 교환하고 흑3으로 잡는 것이 더 효과적일 테지요.

이렇게 돌이 뭉쳐있고 상황 파악이 어려울 경우에는 상대 돌과 내 돌의 끊어진 모습을 면밀히 살펴보는 연습이 필요합니다. 그리고 가장 시급한 쪽이 어디인지 구별해야 하겠지요.

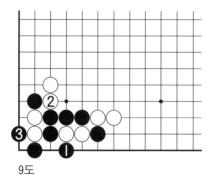

9도

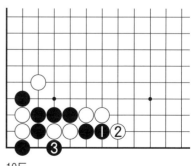

10도

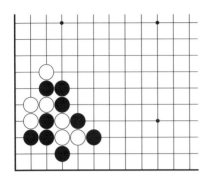

11도

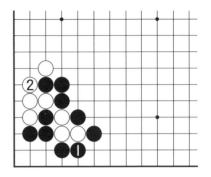

12도

●요석의 연결로를 차단한다

11도를 살펴보면 백 석점이 각각 두 군데에서 몰리고 있는 장면입니다. 흑은 이미 잡혀 있는 돌에 손대는 것이 아니라 요석을 잡아야 하는데, 여기서는 연결로를 차단하면서 백의 요석을 잡을 수 있습니다.

만일 12도 흑1로 백 석점을 따내는 것은 백2로 좌변의 백이 가볍게 살아갑니다. 흑1은 이미 잡혀있는 백 석점을 따낸 꼴이 되므로 실패입니다.

13도 흑1로 백의 연결을 차단하는 것이 요석을 잡는 좋은 방법입니다. 물론 하변 백2로 살아보겠다는 것은 흑3으로 계속 단수해 백은 살아갈 수 없습니다.

참고로 14도 흑1로 백 석점을 잡는 순간 차단된 백△ 한점도 폐석으로 변해버립니다. 흑의 벽에 매달려 있는 모습이라 처량하지 않은가요?

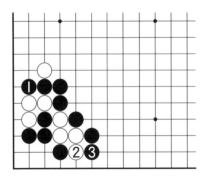

13도

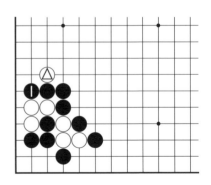

14도

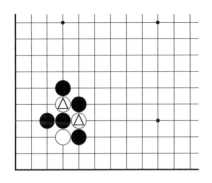

15도

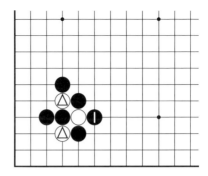

16도

● 요석을 찾아라

대국을 하다보면 요석(중요한 돌)과 폐석(쓸모없는 돌)이 나오는데요. 15도 단수로 몰린 백△의 두 돌 가운데 요석이 있습니다. 흑이 둘 중 하나를 따내려면 중요한 쪽을 선택해야 하는데요. 그 돌이 요석이겠지요.

16도 흑1의 따냄이 정수입니다. 이 백 한점은 전체를 관통하는 중요한 돌이며 이 돌을 따내면서 백△들은 이제 완전히 폐석이 되었습니다. 백△ 두점은 자동으로 잡혀있는 셈이지요.

그런데 17도 흑1의 따냄은 잘못된 선택입니다. 백2로 이쪽을 나오는 순간 백에게 활력이 생기며 흑집도 한정이 됩니다. 백△ 한점이 요석으로 역할을 하는 것이죠.

이번에는 백이 한점을 살린다고 가정하면 역시 18도 백1쪽이 정수입니다. 다음 백은 a와 b를 엿보는 활용이 생겨 모양을 잡아갈 수 있습니다.

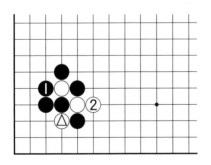

17도

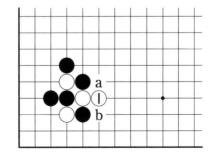

18도

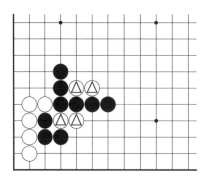

19도

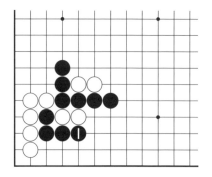

20도

● 요석과 폐석의 구분

다시 요석과 폐석을 점검해 보겠습니다. 지금 19도 백△들 가운데 흑의 철벽에 매달려 있는 위쪽 두점이 보입니다. 앞에서 배웠듯이 상대의 철벽에 붙어 있는 돌은 잡힌다고 해도 그 자체로 큰 손실이 없습니다. 반대로 상대가 잡는다 해도 큰 이득도 없습니다. 폐석이기 때문이죠.

다만 중요한 돌인 요석을 구분해서 잡든지 살리든지 해야 하는데요. 20도 흑이 둔다면 1로 아래쪽의 백 두점을 잡아야 합니다. 지금은 아래쪽이 요석이므로 여기를 잡아야 큰 이득을 봅니다. 만일 21도 백이 둔다면 오히려 1로 흑 석점이 잡힙니다. 이러면 흑의 손해가 크죠.

참고로 22도 흑1로 요석을 잡을 때 백2로 움직이면 좋지 않습니다. 그 이유는 이미 요석인 백△가 잡혀 흑이 너무나 튼튼한 모습이라 중앙 백 두점은 더욱 폐석에 불과하기 때문이죠. 폐석은 버리란 걸 기억하기 바랍니다.

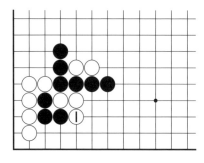

21도

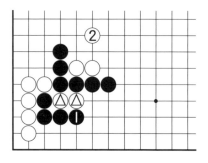

22도

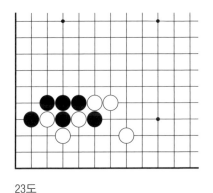

23도

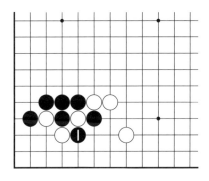

24도

요석과 폐석의 차이

23도 백이 두 군데 단수에 걸려 있는데요. 흑이 어느 돌을 잡아야 하는지 헷갈리기도 합니다. 초심자는 귀에서 변화가 까다롭다 생각할지도 모릅니다. 그러나 조금만 수를 읽을 수 있다면 흑은 쉽게 우위를 점할 수 있습니다.

24도 흑1로 오른쪽 백을 잡는 것이 정수입니다. 그러면 귀의 백 두점은 자동으로 잡힌 모습입니다. 순식간에 폐석이 되었죠. 계속해서 **25도** 백1로 나와 살아보고자 하지만 어림없습니다. 흑2로 막는 순간 귀의 궁도가 너무 좁아 백은 사는 모양이 나오지 않습니다.

26도 흑1로 귀의 백 한점을 잡는 것은 백2로 이어 이쪽을 살아가 버립니다. 더구나 흑▲ 한점까지 잡아 백은 큰 이득을 보게 됩니다. 흑의 잘못된 선택으로 백이 오히려 손실을 줄이며 성공을 거둔 모습입니다. 요석과 폐석의 차이를 확인하는 순간입니다.

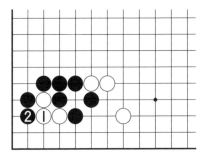

25도

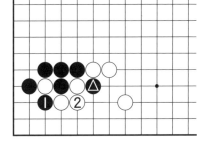

26도

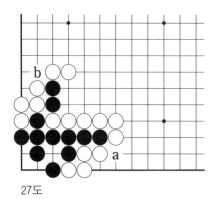

27도

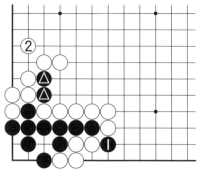

28도

●잡은 돌의 수가 같아도 가치가 다르다

27도 흑은 a와 b의 두 곳에 백 넉점을 잡을 수 있는 기회가 있습니다. 하지만 같은 넉점이라도 그 가치가 다릅니다. 어떻게 다를까요?

28도 먼저 흑1로 잡아봅니다. 물론 백 넉점을 잡은 것은 확실합니다. 그러면 백은 2로 좌변의 넉점을 살리게 됩니다. 언뜻 백 넉점의 크기가 같아 보이지만 백2로 살리는 순간 흑▲ 두점은 자동으로 잡힌 모습입니다. 이 자체로 흑은 손해가 크죠.

그러므로 29도 흑은 무조건 1로 좌변 쪽의 백을 잡아야 합니다. 그러면 흑▲ 두점까지 살리는 만큼 그 가치가 더욱 큽니다. 또, 나중에 30도 백 넉점을 따냈다고 가정했을 때 흑a면 백△ 두점도 약한 모습이 되는 뒷맛까지 있습니다.

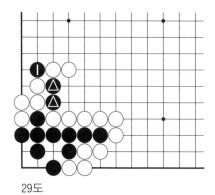

29도

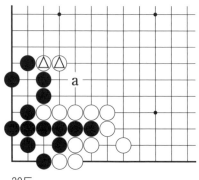

30도

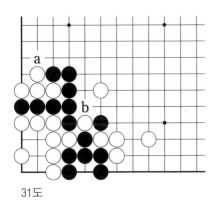

31도

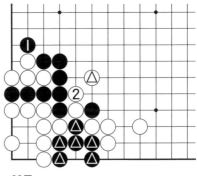

32도

●잡는 가치는 돌의 개수에 비례하지 않는다

31도 흑은 중요한 두 가지의 선택이 남아 있습니다. 흑a면 백 넉점을 잡을 수 있고, 흑b면 백 한점을 잡을 수 있습니다. 순간 초심자들은 당연히 돌 수가 많은 a로 잡으려고 하겠지만, 좀 더 전체 모양을 자세히 살펴볼 필요가 있습니다. 잡는 가치는 돌의 개수에 비례하지 않기 때문이죠.

32도 먼저 흑1로 백 넉점을 잡아 보겠습니다. 그러면 백2로 한점을 살리겠지요. 당연한 수순입니다. 이 순간 흑▲ 여섯점은 자동으로 잡힌 모습입니다. 이렇게 섣부른 판단을 하게 되면 뜻하지 않은 낭패를 볼 수 있습니다. 더구나 지금은 백△와 연결되어 중앙 백이 더욱 두터워졌네요.

33도 흑1로 무조건 이쪽 백 한점을 잡아야 합니다. 그러면 흑▲ 여섯점을 살리는 것은 물론 백△ 한점도 이상하게 되었습니다. 또 이후 34도 백1로 살아가도 흑2로 계속 압박하면 흑은 일거에 우위를 점할 수 있습니다.

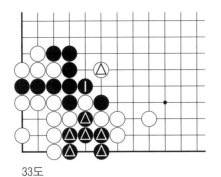

33도

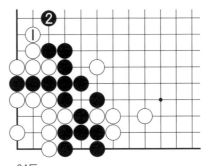

34도

▨ 중반전에 유용한 바둑 격언

모양의 중심은 모자로부터: 중앙 삭감의 중심점은 보통 모자씌움이다.

수비하고 나서 공격하라: 공격은 수비에 있다고 하지 않은가.

일방기를 만들지 마라

적의 급소는 나의 급소

바둑판을 넓게 보라

상대가 둘 곳을 생각하고 두라: 미리 예측하고 두면 안전하다.

화점과 3드은 다음 수가 급하지 않다: 그 자체로 독립적이기 때문이다.

맞보기는 서둘지 마라

세력 삭감은 모자와 어깨짚기

양보해서는 안될 모양의 쟁점이 있다: 이런 곳을 대세점이라 한다.

꼬부림은 천금의 자리가 될 수 있다

빈삼각은 우형의 표본: 때로는 묘수일 경우도 있으니 바둑이란 묘하다.

필요없이 공배를 메우지 마라: 그러다 자충이 되면 큰일난다.

1선에 묘수 있다: 특히 사활에 유용

끊은 쪽을 잡아라: 같은 이치로 잡고 싶은 돌의 반대쪽을 끊어라

단수단수는 서투른 행마법이다: 단수를 아껴야 한다는 격언

맥과 속수는 한 줄의 차이: 등잔밑이 어둡다는 속담도 있지 않은가.

크게 버리고 조여 붙인다: 일명 사석작전이라고도 한다.

수수를 메우는 먹여치기: 수상전에 유용한 기술이다.

끼움이 좋은 경우가 많다: 알파고와 대국에서 이세돌의 신의 한수

타개는 붙임수에: 일명 기대기전법

끊을 수 있으면 끊어야 한다: 끊음 하나가 승부의 열쇠

붙임에는 젖혀라

맞끊으면 한쪽을 뻗어라: 접전에서 유용한 테크닉

날일자는 건너붙여라: 타개에 유용

돌을 잡고 바둑에는 진다

끊을 수 있는 곳을 들여다보지 마라: 서투른 들여다보기는 악수

축은 반드시 잡아둔다: 그렇지 않으면 중반에 가서 이용당한다.

꼬리는 버려라: 모두 살리려다가 바둑을 망친다.

요석과 폐석을 구별하라

모자에는 날일자: 모자가 두려워 치받지 말고 날일자로 벗어나라.

3선의 돌은 두점으로 키워 버려라: 그래야 활용이라도 할 수 있다.

패가 달린 수상전은 마지막에 패를 따내라: 그래야 팻감을 줄인다.

3장

종반전의
기본 기술

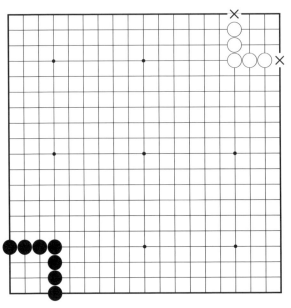

1도

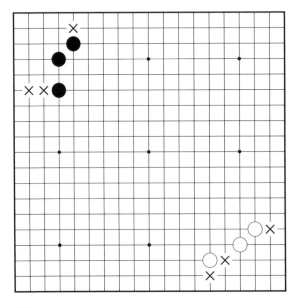

2도

● 집의 개념

바둑은 집이 많으면 이기는 게임입니다. 그러므로 집짓는 요령을 알아야 하는데요. 집을 효율적으로 만들기 위해서는 초반 포석과 중반 전투를 잘해야 하며 종반에 가서는 끝내기도 아주 중요합니다.

그렇다면 집의 개념은 무엇이며 어떻게 집을 만들어 가는지 기본 수법을 익혀보겠습니다.

1도의 좌하귀 흑은 돌 7개로 9집이 확정되었습니다. 우상귀 백은 돌 5개로 9집이 거의 만들어지고 있습니다. ×의 경계선이 아직 지어지지 않았지만 나중에 확정된다고 가정하면 9집으로 계산합니다. 2도는 ×를 경계선이라고 가정하고 집을 만들어 갑니다. 이렇게 경계선을 어느 정도 그릴 수 있을 경우 집이라고 합니다.

●확정된 집

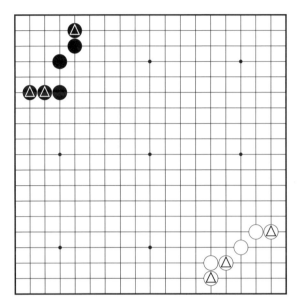

3도

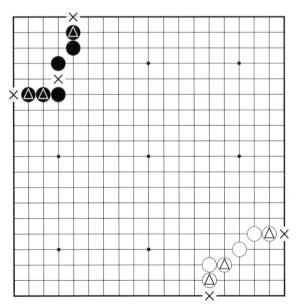

4도

앞쪽의 2도를 이해하기 위해 가상의 경계선에 돌을 놓고 보면 그 의미를 알 수 있습니다.

3도 좌상귀 흑▲와 우하귀 백△가 놓이자 집의 모양이 구체적으로 구분되고 있습니다.

4도 × 자리가 종반 끝내기에서 마무리된다고 가정할 때 좌상귀 흑은 18집이 되었습니다. 또 우하귀 백은 17집입니다.

이렇게 집은 초반에 골격을 만들면서 시작하여 종반에 구체적인 경계선이 마무리되어 갈 때 확실한 집이 됩니다.

그 과정에서 많은 변화가 일어나기도 하지만 서로 한 수씩 효율적인 수를 주고받으면서 전체적인 집의 크기가 확정되지요.

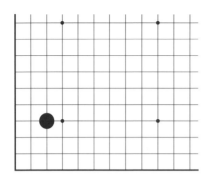

5도

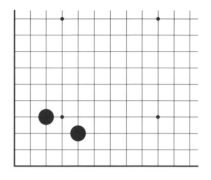

6도

● 집의 골격

귀의 집을 만드는 과정을 보겠습니다. 5도 흑 한점이 자리 잡고 있는 소목은 귀의 집을 만드는 데 유리합니다.

다음 6도는 소목에서 날일자 굳힘이며 이러면 귀는 거의 흑집이 되었다고 봐도 좋겠지요. 이후 대국이 큰 변화 없이 종반으로 가면 7도 흑▲를 경계선으로 가정하고 흑집을 계산합니다. 물론 확정된 집은 아니지만 집의 가능성을 따져볼 때 이렇게 예상한다는 것이죠. 그리고 8도 끝내기에서 ×로 최종 경계선이 확정되면 흑집은 11집이 결정됩니다.

집을 만들어가는 과정은 이처럼 골격을 만드는 것이 출발점입니다. 그래서 대국을 할 때는 한수 한수 집의 크기를 높이는 가장 효과적인 수를 찾아야 합니다.

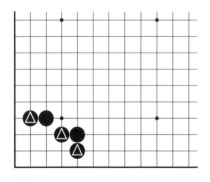

7도

8도

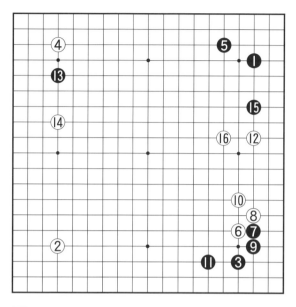

9도

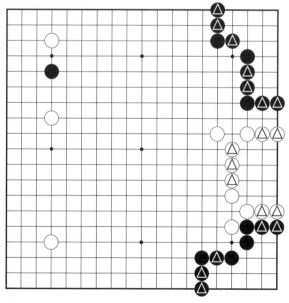

10도

9도는 모범 포석 가운데 하나입니다. 아마추어 고수의 실전을 참고했는데요. 백16까지 서로 잘 어울린 국면입니다. 그럼 이 과정에서 집의 골격은 무엇이며 어떤 부분이 집으로 될 수 있는지 알아볼까요?

이 장면에서 초반 집의 골격을 알아보자면 어느 정도 모양을 갖춘 우변 쪽을 확인하면 좋습니다. 10도 흑▲와 백△를 그려놓고 가정합니다. 그러면 흑과 백의 집이 어느 정도 구분되고 있습니다. 흑은 우상귀 17집＋우하귀 15집＝32집으로 잠정 계산합니다. 백은 우변 12집뿐이지요. 하지만 백은 덤 6집반과 좌하귀 화점의 프리미엄, 또 좌상귀 흑 한점을 공격하여 얻을 수 있는 이득도 있어 서로 잘 어울린 국면으로 평가합니다.

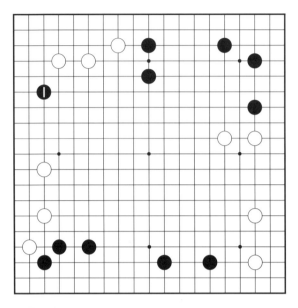

11도

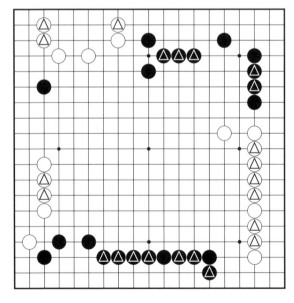

12도

11도 초반 포석이 아주 잘 짜여진 국면입니다. 좌변 백 진영에 흑1로 걸치며 이제부터 전투가 예상되는 실전입니다. 여기까지 진행되면 여러분은 집의 골격을 어느 정도 확인할 수 있는데요. 우선 한눈으로 보아도 서로 지역에 따른 집의 가능성을 엿볼 수 있습니다. 우상을 중심으로 상변은 흑집, 우하와 우변은 백집, 하변은 흑집, 좌상귀와 좌변은 백집의 가능성이 높습니다.

12도 흑▲와 백△는 어느 정도 집의 골격에 따른 경계선을 보여줍니다. 지금 장면에서는 서로 이런 정도 집의 가능성을 감안하고 대국을 하는 것입니다.

여러분에게 약간 어려울 수 있지만 전체적으로 집을 만들어가는 과정을 확인하면 충분합니다.

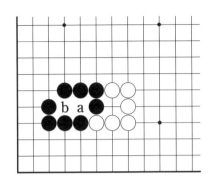

13도

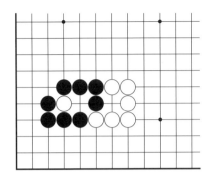

14도

● 집의 크기 1

지금부터 가장 간단한 집의 크기를 눈으로 확인해 보겠습니다. 확실한 자기 집을 파악할 수 있는 학습이며 집의 개념을 완성하는 단계입니다. 먼저 13도부터 16도까지 아주 단순한 집을 세는 것인데요. 각각 몇 집일까요?

13도는 a와 b의 두 곳이 집이므로 두 집입니다. 14도는 흑집 가운데 백의 사석이 하나 더 있으므로 석 집으로 계산합니다. 왜냐하면 백 한점은 대국을 마무리하고 집을 계산할 때 상대방 집을 메울 수 있으니까요. 그러므로 사석을 포함하는 자리는 두 배로 계산해 이 경우 석 집이 되는 것이죠.

15도는 백의 사석이 포함된 자리만 인정해 두 집입니다. 그 이유는 a 자리가 옥집이기 때문입니다. b의 공배가 메워지면 a 자리는 흑이 이어야 하므로 집이 아닙니다. 16도는 한 집입니다. a의 곳은 역시 옥집입니다.

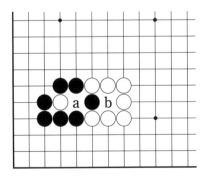

15도

16도

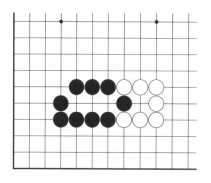

17도

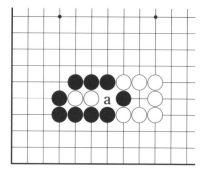

18도

●집의 크기 2

집의 크기를 확인할 때는 확실한 눈 모양을 하고 있어야 합니다. 17도의 흑은 석 집 모양을 하고 있지만 옥집 하나를 포함하고 있습니다. 이제 이런 옥집은 눈에 들어오겠죠? 그래서 흑은 두 집입니다.

그렇다면 18도는 몇 집일까요? 흑집 안에 백 두점이 잡혀있습니다. 그러므로 두점의 두 배인 넉 집은 기본으로 보장되며, 마지막 a의 곳만 확인하면 됩니다. 아하! a는 옥집이네요. 그렇다면 이 흑은 전체적으로도 넉 집임을 알 수 있습니다.

19도는 어떨까요? 백의 사석 한점을 포함해 석 집입니다. 역시 a의 곳은 옥집입니다. 다음 20도를 볼까요? 여기는 딱 보니 옥집이 보이지 않네요. 그렇다면 백의 사석 두점을 포함해 모두 다섯 집이 됩니다.

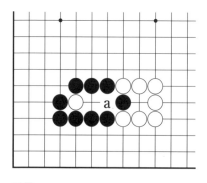

19도

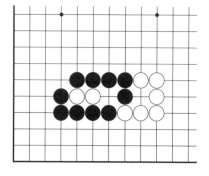

20도

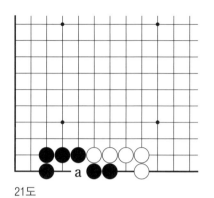

21도

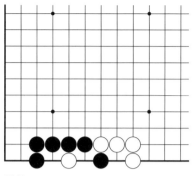

22도

●집의 크기 3

집을 계산할 때는 진짜 집과 옥집을 구분할 수 있어야 합니다. 여러분은 이미 1권과 2권에서 옥집에 대해 확실하게 배웠습니다. 21도 흑은 한 집임을 한눈에 알 수 있습니다. 바로 a의 곳이 옥집이니까요.

22도는 백 한점이 사석으로 잡혀 있습니다. 옥집도 포함하고 있고요. 그렇다면 바로 석 집입니다. 23도는 옥집이 있을까요? 아닙니다. 옥집이라고는 눈을 씻고도 찾을 수 없습니다. 백 두점의 사석을 포함해 흑은 다섯 집을 확보하고 있습니다.

마지막 24도를 확인해 보겠습니다. 여기는 사석이 없어 오직 집 수만 계산해야 하는데요. 역시 옥집이 눈에 거슬립니다. 바로 a의 곳이 옥집이죠. 그래서 오직 두 집임을 쉽게 계산할 수 있습니다.

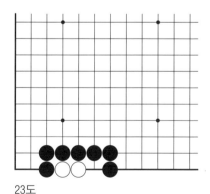

23도

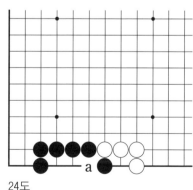

24도

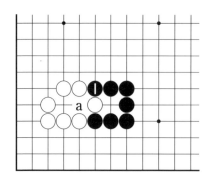

25도

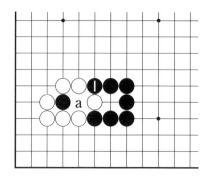

26도

● 집의 가치 1

집의 가치는 한 수를 두었을 때 그 크기가 집으로 어느 정도인가를 확인하는 과정입니다. 먼저 25도 흑1은 과연 몇 집의 가치가 있을까요? 여기를 두면서 a의 곳이 옥집으로 변했죠. 그러므로 흑1은 한 집의 가치입니다.

26도는 백집 안에 흑 한점이 사석으로 잡혀 있는데요. 흑1로 두었을 때 몇 집의 가치일까요? 역시 한 집입니다. 흑 한점이 잡혀있는 것과 관계없이 a의 곳을 옥집으로 만들었기 때문입니다. 백은 두 집을 확보한 채 더 이상 집을 늘릴 수 없습니다.

27도와 28도의 흑1은 한 집의 가치가 있습니다. 모두 흑의 옥집을 방어하고 있기 때문이죠. 28도는 흑집 안에 백 한점이 잡혀 있지만 가치의 변동에는 상관없습니다. 물론 흑은 옥집을 방어하며 석 집을 확보하고 있습니다.

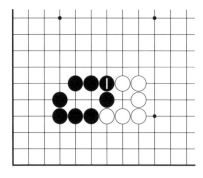

27도

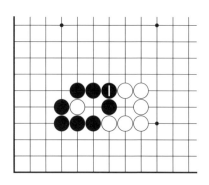

28도

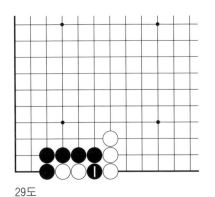

29도

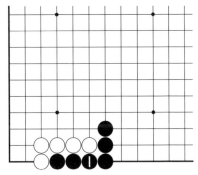

30도

●집의 가치 2

29도부터 32도까지 흑1의 가치는 얼마일까요? 기본적인 집의 가치를 따지는 방법인데요. 먼저 29도 흑1로 백 두점을 잡았습니다. 그러면 흑은 넉 집입니다. 사석 두 개가 포함된 집이므로 넉 집인 것이죠.

30도는 흑1로 두점을 살린 장면입니다. 그러면 백집이 제로이므로 역시 넉 집의 가치입니다. 백이 이곳을 두었을 때 넉 집이었죠? 그러므로 1의 자리는 흑백 서로 넉 집짜리입니다.

31도 흑1은 결론부터 얘기하면 석 집짜리입니다. 지금은 백집이 제로이지만 만약 백1로 흑 한점을 잡는다면 백은 a의 한 집과 더불어 석 집이기 때문이죠. 그리고 32도 흑1은 다섯 집의 가치가 있습니다. 역시 백1을 두었을 때, 백은 흑 두점의 사석을 포함해 다섯 집이 마련되기 때문입니다.

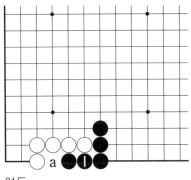

31도

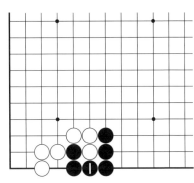

32도

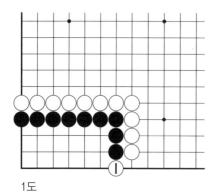

1도

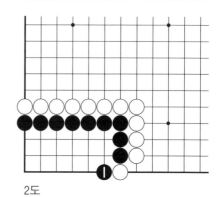

2도

● 직접 막는 방법

집을 지키는 방법은 여러 가지가 있지만 초보자에게 알기 쉬운 기본 수법을 살펴보겠습니다. 1도 백1로 젖혀 흑집을 부수려고 하는데요. 여기서 흑은 자기 집을 지켜야 합니다.

2도 흑은 1로 무조건 막아야 합니다. 이곳이 뚫리면 흑집은 왕창 무너질 뿐 아니라 자칫 잘못하면 흑 전체의 사활에도 문제가 생깁니다. 그러므로 흑 1로 막는 것은 당연한데, 이때 3도 백2의 끊음은 무리수입니다. 흑3으로 먼저 백 한점을 잡게 되니까요. 그러면 백의 손실이 크죠?

그러므로 4도 백도 2로 이어야 하며 흑은 3으로 보강해 집을 확실하게 지켰습니다. 이렇게 집을 지키는 데에는 직접 막는 간단한 방법이 있습니다.

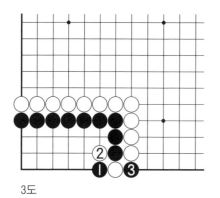

3도

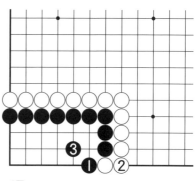

4도

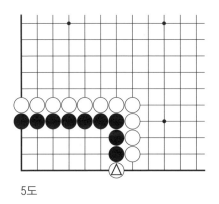

5도

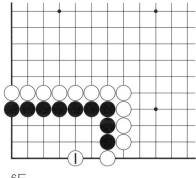

6도

●손을 빼면 안 되는 곳

대국을 하다보면 상대가 둔 수에 대응하지 않고 다른 곳으로 방향을 틀어 더 좋은 자리를 차지하기도 합니다. 그러나 어느 경우에는 절대로 손을 빼서 는 안 되는 곳이 있습니다.

앞쪽에서 알아보았듯이 5도 백△에 흑이 손을 빼서는 안 된다고 했습니 다. 만일 손을 빼면 어떤 현상이 일어나는지 보겠습니다. 우선 6도 백은 1로 흑집 안에 뛰어 들어갑니다. 이 순간 흑집은 크게 무너져 버리면서 흑의 대 응이 만만치 않습니다.

7도 흑2로 받는 정도인데요. 이 정도만 되어도 흑집은 거의 파괴됩니다. 이후 진행을 살펴보면 8도 백1, 3으로 계속 파고들고 흑은 4까지 물러서며 흑집이 축소되는 것을 확인할 수 있습니다.

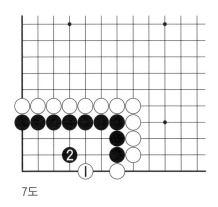

7도

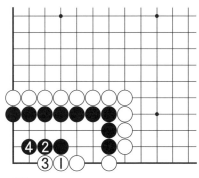

8도

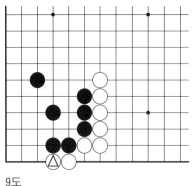

9도

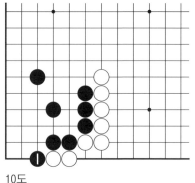

10도

●막을 수 있는 곳은 바로 막아라 1

9도 백△로 귀의 흑집 안에 밀고 들어온 장면입니다. 여기서 흑은 바로 막을 수 있는지 확인해야 하는데요. 지금이라면 바로 막을 수 있습니다. 그래서 10도 흑1이 성립합니다. 그 순간 백 두점이 단수가 되기 때문입니다.

11도 흑1이면 백2는 당연한 이음이며 다음 흑3으로 단점을 보강해야겠지요. 이러면 일단락되는데요.

여기서 많은 초보자 분들은 상대가 내 집으로 밀고 들어오면 뭔가 불안한 생각으로 일단 물러나고 봅니다. 이를테면 12도 흑1로 물러나는 것이죠. 그러면 백2로 또 들어오겠지요. 결국 물러난 만큼 흑집이 파괴되어 손해입니다. 그러므로 바로 막을 수 있는 곳은 물러서지 말고 막아야 합니다. 그 판단은 바로 막았을 때 자신의 안전이 보장되는가 하는 것이겠지요.

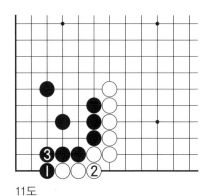

11도

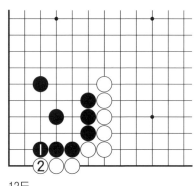

12도

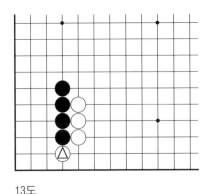

13도

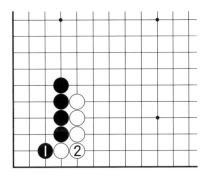

14도

●막을 수 있는 곳은 바로 막아라 2

종반전에서 서로가 경계선을 만들어갈 때 2선의 끝내기는 상당히 크다고 할 수 있습니다. 지금 13도 백△로 젖힌 장면이 바로 그것인데요. 이곳은 상대의 돌 서너 점을 잡는 것보다 가치가 더 큽니다.

이때 14도 흑은 물러서지 않고 1로 바로 막아야 합니다. 그러면 백2의 이음을 확인하고 흑은 선수를 차지해 다른 곳으로 방향을 바꿀 수 있습니다.

여기서 백이 무리한 경우를 보겠습니다. 15도 흑1에 바로 백2에 젖혀 더욱 과감한 끝내기를 하자는 것인데요. 이때 흑은 a로 물러나서는 안 됩니다. 그러면 백의 무리수를 응징하지 못하고 도와준 나약한 수가 되지요.

16도 흑3에 바로 끊어 백의 단점을 추궁하는 것이 아주 좋은 수입니다. 백이 무리한 결과 오히려 두점이 잡힌 모습입니다.

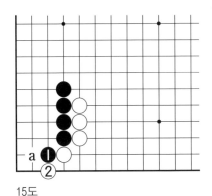

15도

16도

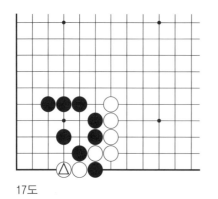

17도

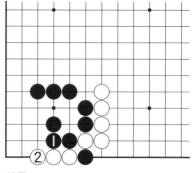

18도

● 효율적으로 막는 방법

17도 백△로 흑집을 뚫고 들어오는 중입니다. 이때 흑이 집을 효율적으로 지켜야 하는데요. 만약 18도 흑1로 위에서 막는다면 곤란합니다. 백2로 빠지는 순간 알토란같은 흑집은 와장창 무너져 버립니다.

흑은 다른 대책을 세워야 하는데요. 바로 19도 흑1로 아래에서 막는 수가 있습니다. 이 수가 바로 효율적으로 흑집을 지키는 호점입니다. 다음 백2로 흑 한점을 따내면 흑은 3으로 단수하며 귀의 집을 정돈할 수 있습니다.

이번에는 같은 장면에서 일어날 수 있는 해프닝을 살펴볼까요? 20도 흑1 때 백이 무리하게 2로 단수치는 것입니다. 기력이 약할 때는 자기 단점을 살피는 것보다 상대의 단점이 먼저 눈에 들어오기 마련이죠. 이러면 바로 흑3으로 두점을 따내 백의 낭패입니다.

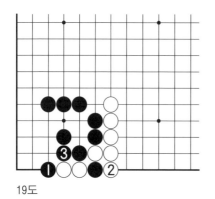

19도

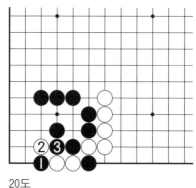

20도

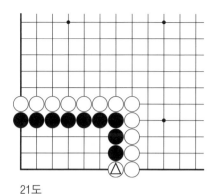

21도

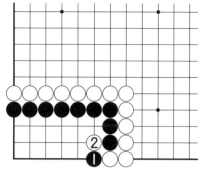

22도

🔴 바로 막을 수 없는 경우 1

21도 백△는 앞에서 배운 것과 모양이 조금 다릅니다. 흑집에 밀고 들어오는 백의 자세가 아주 탄탄한 모양입니다. 그러므로 흑은 응수하는 데 신중을 기해야 하는데요. 우선 22도 흑1로 바로 막는 것이 눈에 들어오지만 이번에는 백2의 반격이 통합니다. 그러면 흑집은 순식간에 파괴됩니다.

23도 이 경우는 흑1로 한칸 뛰어 늦춰 받는 것이 정수입니다. 이후 흑5까지 마무리하는 것이 정확한 수순입니다. 여러분도 바로 막을 수 없을 때는 이렇게 한칸으로 늦춰 받는다는 것을 알기 바랍니다.

그런데 만약 24도 흑1로 꼬부리며 늦춰 받는 것은 계속 백2로 밀고 들어가서 흑은 바로 a에 막을 수 없으므로 흑집이 더 부서집니다. 반드시 23도 흑1의 한칸을 기억해두기 바랍니다.

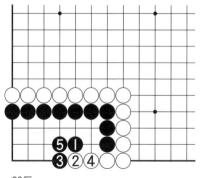

23도

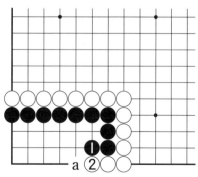

24도

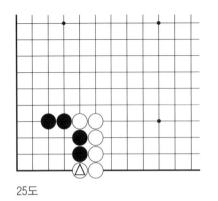

25도

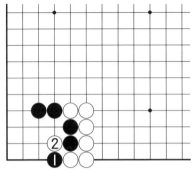

26도

●바로 막을 수 없는 경우 2

25도 백△로 들어올 때 흑의 올바른 수비법입니다. 이런 모양에서 흑이 바로 막을 수 없음은 이제 알겠지요? 그래도 한번 26도 흑1로 바로 막아보면 대번에 백2로 끊기며 양단수로 몰려 흑이 곤경에 처합니다.

이제 눈으로 직접 확인했으니 이렇게 백이 탄탄한 모양으로 들어오면 바로 막을 수 없음을 알았지요? 그렇다고 27도 흑1로 꼬부려 물러나는 것도 좋지 않습니다. 그러면 백2로 계속 밀고 들어오는 만큼 흑이 손해입니다. 흑이 바로 a에 막을 수 없기 때문이죠.

역시 28도 흑1로 한칸 뛰어 받는 것이 정수입니다. 이래야 그나마 흑집의 파손을 최소화해 방어할 수 있습니다. 이후 백2 이하 흑5까지 서로 최선을 다한 결과로 정리할 수 있습니다.

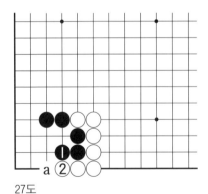

27도

28도

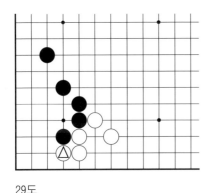

29도

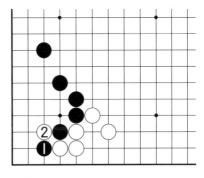

30도

●우선 단점을 확인하라

29도 좌하귀에 흑집이 완성되면 제법 짭짤합니다. 그래서 백△로 흑집을 깨뜨리기 위해 밀고 들어온 장면입니다. 그전에 흑이 △ 자리에 막았다면 좋았을 텐데요. 그렇지만 이때라도 흑은 올바른 응수로 지켜야 합니다.

초보들의 대표적인 응수가 30도 흑1로 막무가내로 막는 것입니다. 이러면 흑의 절대 무리인데 백2로 끊겨 흑이 아주 곤란합니다. 흑 한점이 순식간에 단수로 몰리며 흑집은 모두 무너져 버립니다.

그러므로 이럴 때 흑은 우선 자기 단점을 확인한 후 한발 물러나야 합니다. 31도 흑1로 늘어 받는 것이 정수입니다. 물론 흑집은 줄어들지만 30도 같이 순식간에 흑집이 무너지는 일은 없습니다. 이후 32도 백2로 계속 들어오면 이번에는 흑3으로 젖혀 막을 수 있고 어느 정도 일단락된 모습입니다.

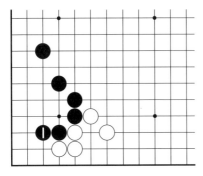

31도

32도

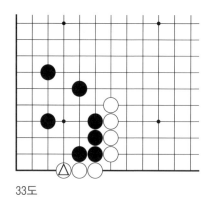

33도

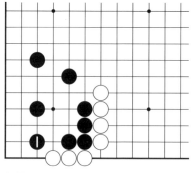

34도

●한칸 뛰어 지키기

집을 지키는 데는 몇 가지 방법이 있다고 말했지요? 그중 하나가 한칸 뛰어 지키는 것인데 바로 막을 수 없을 때 아주 유용하게 사용하는 수법입니다.

33도 지금도 마찬가지입니다. 백△로 뚫고 들어온 장면인데요. 여기서 흑은 한칸 뛰어 지키는 요령을 알면 아주 간단합니다. 34도 흑1의 지킴이 바로 그것이죠. 이러면 흑집의 파괴를 최소화 할 수 있습니다.

그런데 필자는 자주 초보자들의 터무니없는 수를 보았는데요. 35도 흑1로 막아가는 수입니다. 과연 엉터리 수로 백2로 단수하면 흑집은 순식간에 엉망이 됩니다. 이런 실수를 해선 안 되겠죠?

36도 흑1도 앞보다는 덜하지만 잘못된 발상은 마찬가지입니다. 백2로 젖히면 흑집은 많이 부서집니다.

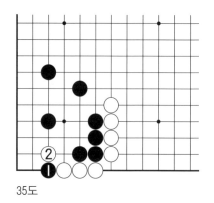

35도

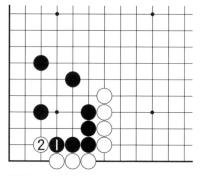

36도

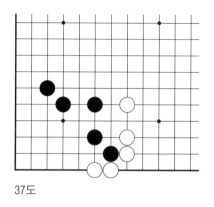

37도

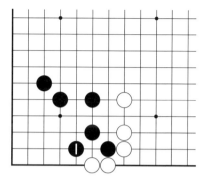

38도

●마늘모 다음 한칸 지키기

37도는 좌하귀 흑집을 지키는 문제입니다. 이미 흑집이 뚫려 있는 상황이지만 이제라도 최선의 응수로 지켜야 합니다. 흑집을 최대한 지키려면 어떻게 받아야 할까요?

38도 일단 흑1의 마늘모 지킴이 좋은 대응입니다. 이렇게 한발 물러나는 것이 정수이며 백의 다음 수를 기다려 그때 또 적절한 응수를 하면 됩니다. 계속해서 39도 백2로 밀고 들어오면 이번에는 흑3의 한칸으로 지킵니다.

이렇게 마늘모로 받은 후 다시 한칸 뛰어 지키는 방법도 있습니다. 연속해서 물러나고 있지만 처음과 나중의 지키는 모양이 다름을 알기 바랍니다.

여기서 만약 40도 흑1의 막음이면 엉뚱한 발상입니다. 백2의 단수가 바로 통해 흑집은 엉망이 되죠. 39도의 연속 지킴을 한번 더 음미해 보십시오.

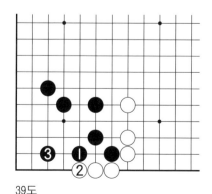

39도

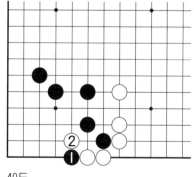

40도

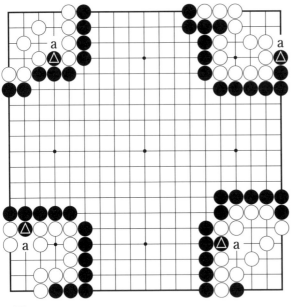

1도

●밀고 들어간다

1도 반상의 귀에 네 가지 모양이 있습니다. 모두 흑●로 들어가면 백은 a의 곳에 막아 집을 지키는 것이 정수입니다. 그러나 초보자들 바둑에서는 가끔 이곳에서 손을 빼는 경우가 있습니다. 만일 백이 손을 뺀다면 흑은 집을 깨뜨려야 하는데요.

집을 깨뜨리는 방법은 2도 흑1로 계속 밀고 들어가는 것입니다. 그러면 백집 모양에 따라 정도는 다르지만 많이 부서지게 됩니다.

이처럼 상대의 집을 깨뜨리려면 2도와 같이 밀고 들어가는 방법이 가장 기본이 됩니다. 반대로 집을 지키기 위해서는 상대가 들어올 때 막아야 하겠지요.

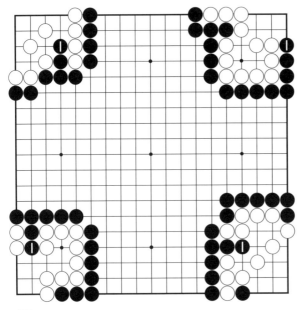

2도

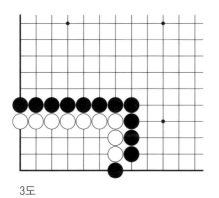

3도

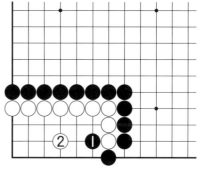

4도

●불완전한 1선에서 집 깨뜨리기

3도에서 1선을 주목하기 바랍니다. 아직 백 모양이 완전하지 않습니다. 이 백집을 깨뜨리는 최적의 방법이 있는데요. 쉽고도 그리 간단하지 않습니다.

　4도 흑1이 먼저 떠오릅니다. 이 젖힘도 백집을 깨뜨리는 한 방법이지만 여기서는 조금 부족합니다. 백2로 지키면 흑은 더 이상 백집을 깨뜨릴 수 없습니다.

　5도 흑1로 한칸 뛰는 것이 더욱 백집을 깨뜨리는 좋은 수입니다. 그 이유는 6도에서 확인할 수 있습니다. 6도 백1의 지킴이 최선이지만 흑은 계속 2로 파고드는 것이 통합니다. 그러면 백은 바로 막을 수 없어 3으로 물러설 수밖에 없는데, 계속 흑4로 백5를 강요하면 백집은 보잘 것 없습니다. 4도와 한번 비교해 보십시오.

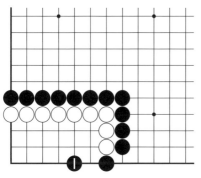

5도

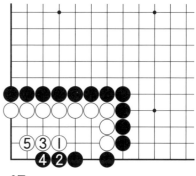

6도

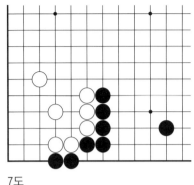

7도

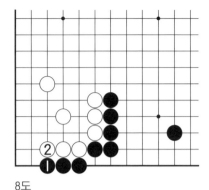

8도

더욱 크게 깨뜨려라

7도 역시 아직 백집이 완전하지 않습니다. 이런 장면에서 백집을 깨뜨리는 방법을 알고 있어야 하는데요. 초보자라도 이런 정해진 자리에서는 적극적인 생각이 필요합니다.

8도 흑1이 백집을 깨뜨리는 한 방법이지만 여기서는 부족합니다. 백2로 막기만 해도 백은 피해를 최소화 할 수 있습니다. 그러므로 흑은 더 강하게 백을 괴롭혀야 하는데요.

9도 흑1로 젖히는 것이 백집을 더욱 크게 깨뜨리는 방법입니다. 백2로 막을 수밖에 없을 때 흑3이면 흑이 원하는 대로 되었습니다.

계속해서 10도 백1부터 3까지 예상되는 진행인데, 흑은 이곳에 ×표 넉집을 만들었을 뿐 아니라 백집도 많이 깨뜨려 만족한 결과를 얻었습니다.

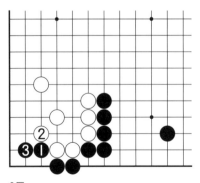

9도

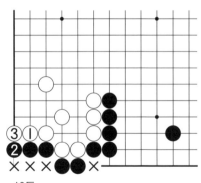

10도

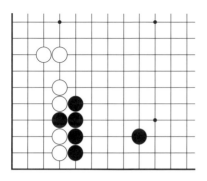

11도

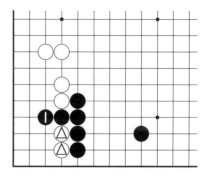

12도

● 관통하면 큰 이득을 본다

11도 좌변 모양을 살펴보면 무엇인가 엉성합니다. 흑은 단번에 엄청난 이득을 볼 수 있는데요. 이런 곳은 당장 결행해야 합니다.

　12도 흑1로 뚫는 것이 너무 좋습니다. 흑은 백집을 관통해 완전히 깨뜨렸을 뿐 아니라 백△ 두점까지 잡아 엄청난 이득을 보았습니다.

　사실 이 순간 백은 이곳은 포기하고 다른 곳으로 손을 돌리는 것이 좋을 테지요. 그러나 굳이 이곳을 정리한다면 13도 백1로 지키는 정도입니다. 그렇더라도 흑2로 막으면 흑집이 크게 굳어진 모습을 확인할 수 있습니다.

　그러므로 백은 11도 장면에서 이곳을 절대로 방치해서는 안 됩니다. 무조건 14도 백1로 막아두어야 합니다. 절대 이런 곳을 놓쳐서는 안 됩니다. 12도와 비교해보면 그 차이를 확실하게 알 수 있겠지요.

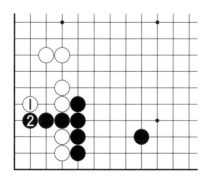

13도

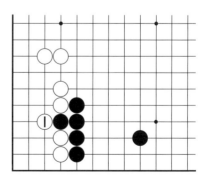

14도

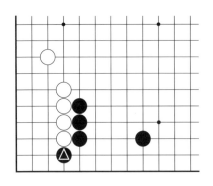

15도

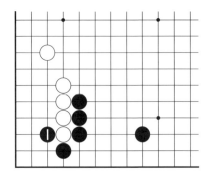

16도

●2선은 큰 집이 오고간다

나중에 끝내기 편에서 배우겠지만 보통 2선에서 주고받는 끝내기는 보기보다 아주 큽니다. 상대 돌을 2~3점 잡으면 4집이나 6집이지만, 바로 15도 흑▲의 2선 젖힘은 약 10집 정도의 끝내기입니다.

자세한 계산은 좀 어려우므로 실력이 많이 향상되면 알 수 있습니다. 그냥 지금 2선의 끝내기는 적어도 6집에서 14집까지 다양하다는 정도 알아두면 좋겠습니다.

여기서 백이 손을 빼면 16도 흑은 1로 백집을 최대한 무너뜨릴 수 있습니다. 그러면 백집을 깨뜨림과 동시에 흑집이 불어납니다. 이후 수순은 17도 백2 이하 8까지 흑이 엄청난 이득을 보고 있습니다. 그러므로 처음으로 돌아와, 18도 이런 자리에서 백은 1로 막아두는 것이 당연하겠지요.

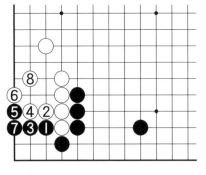

17도

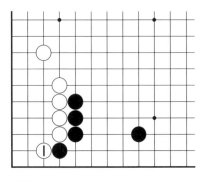

18도

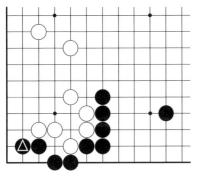

19도

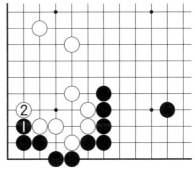

20도

●한칸 뛰어 집을 깨뜨린다

19도 2선으로 빠진 흑▲는 끝내기로 아주 크고 만약 백이 손을 뺀다면 흑은 백집을 크게 무너뜨릴 수 있습니다. 그럼 흑의 다음수를 예상해볼까요?

20도 흑1로 밀고 나가면 미흡합니다. 백2로 막으면 백집을 어느 정도 지켜낼 수 있기 때문이죠. 물론 21도 흑은 계속 1 이하 6까지 좋은 끝내기를 할 수 있지만, 그래도 이 진행은 백한테 아주 큰 충격을 주지는 않습니다.

여기는 22도 흑1로 한칸 뛰어 들어가는 수가 큽니다. 백집을 확실하게 무너뜨리는 아주 좋은 수이지요.

그러면 백은 어떻게 받아야 할지 대책이 없습니다. 사실 이 정도면 백집 전체가 무너진 모습입니다. 이 한칸은 백이 끊을 수 없다는 것도 이 기회에 확실히 알아두기 바랍니다. 백a면 흑b로 넘어갈 테니까요.

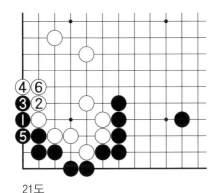

21도

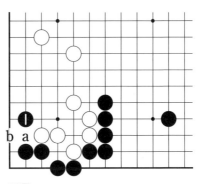

22도

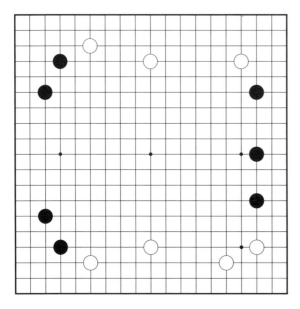

23도

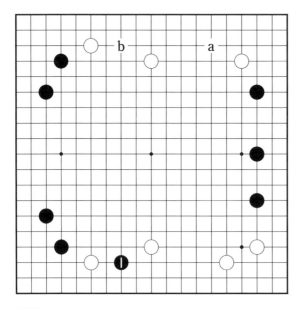

24도

보통 집을 무너뜨리는데 상대방이 손을 빼면 더욱 크게 효과를 봅니다. 그러므로 실전 대국에서는 종반에 가서 결정적으로 손해 보는 자리에 손을 빼는 경우는 극히 적습니다.

그렇다면 초반전부터 상대의 집을 견제할 생각으로 대국에 임해야 합니다.

23도는 초반 몇 수 진행되지 않은 상황입니다. 흑은 하변 백집을 견제할 필요가 있다고 생각하는 중입니다. 그럼 어떻게 둘까요?

24도 흑1로 뛰어 들어가는 것이 좋은 방법입니다. 물론 전체를 관망하면 흑a의 양걸침이나 b의 침입도 생각할 수 있지요. 모두 향후 백집 가능성을 견제하며 집을 깨뜨리는 작전입니다.

● 집이 굳어지기 전에 뛰어들어라

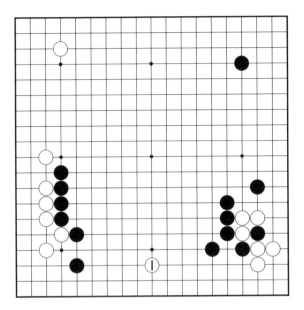

25도

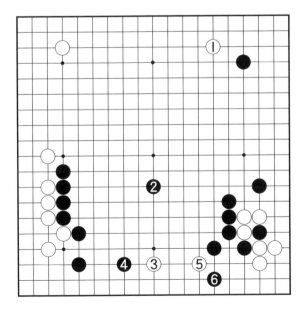

26도

25도를 살펴보면 전체적인 국면이 백의 실리와 흑의 세력으로 갈린 바둑입니다. 특히 하변 흑의 세력이 위력적인데요. 따라서 이를 견제하기 위한 백1의 침입은 필수입니다. 이 수를 게을리 하면 하변 흑집이 순식간에 부풀어 올라 백은 대세를 그르치기 쉽습니다.

만약 26도 백이 하변을 방치하고 우상귀 1로 걸쳐 방향을 튼다면 흑2로 크게 하변을 넓히는 수가 좋습니다. 이러면 하변이 엄청나게 커지므로 백이 곤란합니다. 이제 와서 백3으로 뛰어들어도 이하 흑이 6까지 공격하면 백 전체가 위험합니다.

결론적으로 상대의 집이 굳어지기 전에 타이밍을 잘 맞춰 뛰어들어야 집을 제대로 무너뜨릴 수 있습니다.

● 집을 견제하는 적극적인 침입

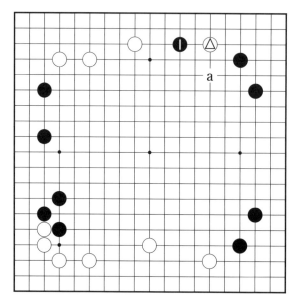

27도

27도는 초반 포석이 마무리되어 가고 있는 장면입니다. 여기서 흑은 1의 침입을 선택했는데요. 충분히 가능한 수이며 적극적인 작전이라고 봐야겠지요.

구체적으로 백△ 한 점을 공격하며 상변에 백집 가능성을 없애려는 의도이기도 합니다.

반대로 먼저 백이 a로 뛰면 흑의 침입이 용이하지 않을 뿐더러 상변 백집이 부풀어 오를 가능성도 높습니다.

다만 27도 흑1은 28도 흑△의 침입도 가능한 수입니다. 이런 선택은 어디까지나 대국 당사자의 취향이라고 할 수 있습니다. 즉, 어느 곳으로 침입해도 백집을 견제한다는 작전임에는 분명합니다.

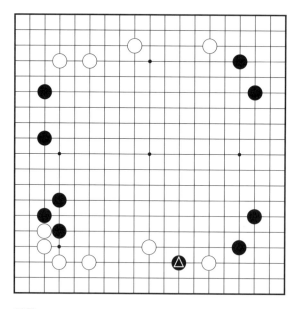

28도

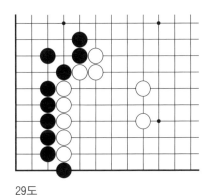

29도

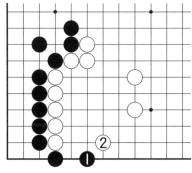

30도

🔴 깔끔하게 집을 지키는 방법

29도 아래 1선의 집 모양이 아직 확실하지 않습니다. 흑은 백집을 무너뜨리는 좋은 수가 있는데요. 그동안 배운 만큼 이제 이런 모양은 익숙하겠지요?

30도 흑1로 한칸 뛰어 백집을 깨뜨리는 수도 좋지만 백2로 방어하면 흑이 약간 아쉽습니다. 현재 백집은 위쪽 공간이 넓으므로 그쪽을 무너뜨리는데 집중해야 합니다. 여기서는 31도 흑1의 젖힘이 백집을 효율적으로 무너뜨리는 방법입니다. 백2로 받는 정도인데 흑3으로 백집을 더욱 깨뜨립니다.

그래서 이렇게 한방으로 집이 깨지는 곳은 백도 손을 빼면 안 되는 것이죠. 즉 29도 장면에서 흑이 먼저 두기 전에 백은 반드시 가일수해 집을 지켜야 합니다. 그럴 경우 32도 백1 이하 3까지 지키는 것이 정수이며 가장 깔끔합니다.

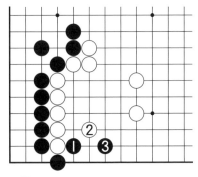

31도

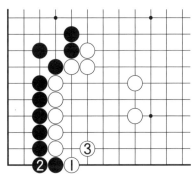

32도

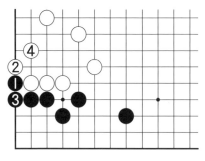

1도

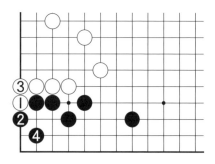

2도

●끝내기의 종류

바둑 대국에서 초반 포석과 중반 전투를 거치면 종반 끝내기에 들어가는데요. 이 단계가 아주 중요합니다. 초반과 중반까지 잘 이끌어온 대국을 끝내기에 접어들어 역전당하는 경우가 비일비재하기 때문이죠. 그렇다면 끝내기는 어떤 종류가 있으며 어떻게 하는 것인지 지금부터 살펴보겠습니다.

서로가 먼저 선수할 수 있다면 '양선수 끝내기'라 합니다. 한쪽만 선수가 되면 '편선수 끝내기'라 하는데, 그냥 편하게 부를 때는 '선수 끝내기'라 하죠. 물론 양선수 끝내기도 마찬가지 편하게 부를 때는 선수 끝내기가 되는 겁니다. 서로가 후수가 되면 '후수 끝내기'라 하고, 상대가 선수 끝내기할 곳을 내가 먼저 끝내기하면 후수라도 특히 '역끝내기'라 합니다.

1도와 2도는 양선수 끝내기를 보여줍니다. 3도는 편선수 끝내기, 4도는 후수 끝내기의 예입니다.

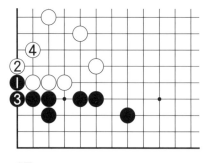

3도

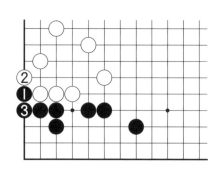

4도

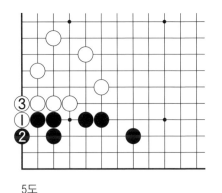

5도

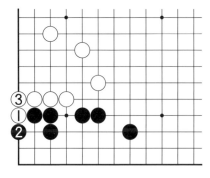

6도

●후수 끝내기와 역끝내기의 예

앞쪽의 4도는 흑의 후수 끝내기를 보여줍니다. 그렇다면 이곳을 백이 끝내기한다고 해도 후수일까요? 그렇습니다. 5도 백1로 먼저 끝내기를 해봅니다. 역시 3까지 백이 후수가 되고 흑은 여기서 손을 빼도 됩니다. 그래서 이런 곳을 서로 후수 끝내기라고 했습니다. 참고로 이런 곳은 대개 가치가 작은 끝내기이므로 가장 나중에 하는 것이 효율적입니다.

그럼 역끝내기는 어떤 곳일까요? 6도 백1, 3의 젖혀이음. 이와 같은 곳을 역끝내기라고 합니다. 왜냐하면 이곳을 흑이 먼저 두면 선수되는 자리이기 때문이죠. 즉 7도 흑1로 젖히는 것이 무조건 흑의 권리라 해도 무방합니다. 계속해서 8도 백은 2로 받고 4까지 보강해야만 합니다. 이후 선수는 다시 흑한테 돌아옵니다. 이렇게 흑은 선수로 끝내기를 할 수 있는데, 이런 자리를 백에게 빼앗기면 "역끝내기를 당했다"라고 말하는 거죠.

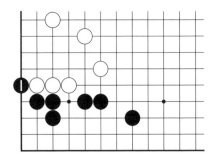

7도

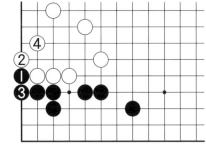

8도

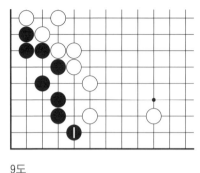

9도

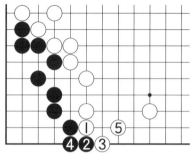

10도

🔵 마늘모 끝내기 1

지금까지 가장 기본이 되는 끝내기의 종류를 살펴보았습니다. 보통 중반 전투가 마무리되고 어느 정도 판이 정리가 되면 종반 끝내기 단계로 접어듭니다. 사실 종반도 크고 작은 끝내기가 많이 남아있는 상태인데요. 물론 가치가 큰 자리부터 먼저 끝내기를 해야겠지요.

우선 큰 끝내기 가운데 하나인 마늘모 끝내기를 보겠습니다. 9도 흑1이 그것인데요. 이렇게 2선의 마늘모를 기억해두기 바랍니다. 2선의 마늘모 끝내기는 정말 서둘러 차지해야 할 정도로 아주 큰 자리입니다.

그러면 10도 백1로 막을 수밖에 없고 흑은 계속 2, 4로 선수 끝내기를 합니다. 흑은 큰 이득을 얻고 있지요.

반대로 11도 백이 1의 마늘모를 차지하면요? 역시 백이 선수가 되며 큰 곳입니다. 계속해서 12도 백은 6까지 선수 끝내기를 할 수 있습니다. 보다시피 이런 자리는 서로 놓쳐서는 안 될 아주 큰 양선수 끝내기입니다.

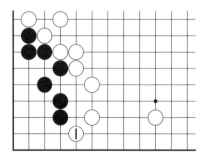

11도

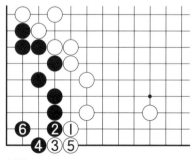

12도

●마늘모 끝내기 2

13도 좌변이 어느 정도 정리된 모습입니다. 이제부터 이곳의 끝내기를 생각해 봅시다. 이때 앞에서 배운 마늘모 끝내기를 활용하면 좋습니다. "2선의 마늘모 끝내기는 아주 큰 곳이다." 이렇게 암기해 두면 역시 좋습니다.

물론 14도 흑1의 마늘모 끝내기를 말하는 것이죠. 이때 백이 무심코 2로 받으면 흑은 3의 마늘모까지 행사합니다. 이러면 백이 크게 당합니다. 계속해서 15도 흑이 8까지 양쪽의 선수 끝내기를 하고보니 백이 처절하게 당한 결과입니다.

이렇게 양쪽 마늘모 선수 끝내기만 하더라도 집 차이가 엄청나다는 것을 확인할 수 있습니다. 다시 13도를 가만히 보면 좌변 백집이 상당히 그럴듯하고 커 보이지 않은가요? 그런데 끝내기를 해치운 15도의 모습을 확인하니 보잘 것 없는 집이 되어버렸습니다. 그러므로 백도 끝내기 과정에서 반발을 생각해볼 필요가 있는데요~

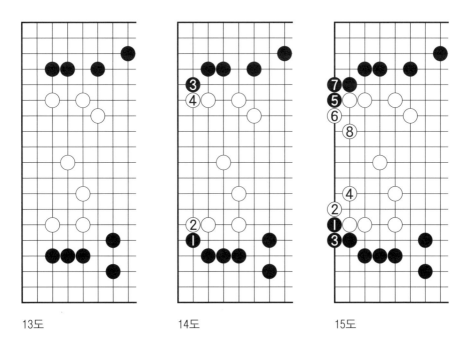

13도　　　　　　14도　　　　　　15도

● 비록 지더라도 반발해야 성장한다

16도 흑1 때가 문제인데요. 여기서 백은 a로 받을 게 아니라 2로 반발을 생각하는 것이죠. '마늘모에는 마늘모로!' 이런 발상이기도 합니다. 이후 조금 복잡한 변화가 일어나지만 이를 두려워해서는 안 됩니다. 만약 17도 백1에 순조롭게 흑2로 받아준다면 이제는 백도 3으로 돌아와 서로 잘 타협된 결과입니다.

그러나 18도 백1에 흑2로 백집을 깨뜨린다면 백도 3으로 흑집을 깨뜨립니다. 그러면 서로 어려운 바둑이지만 앞쪽의 15도와 같이 백이 일방적으로 당할 수만은 없기 때문에 이쪽을 선택해 제갈 길을 가는 것이죠.

바둑이 어렵다고 생각되는 부분은 바로 이런 장면들인데요. 그렇다고 상대가 하자는 대로 모두 손 따라 두다가는 어느 순간 집 부족이 되기 쉽습니다. 바둑을 패하는 지름길이 되는 것이죠. 그래서 바둑은 비록 지더라도 때로는 반발해야 성장합니다.

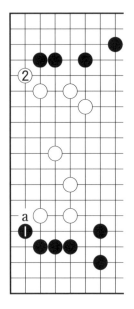

16도

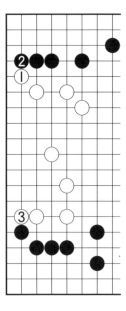

17도

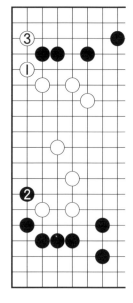

18도

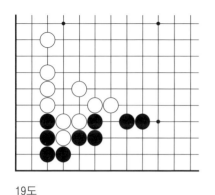

19도

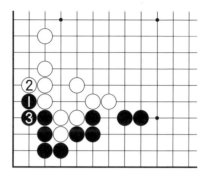

20도

●2선의 젖혀 잇기 1

끝내기 분야에서 2선은 큰 자리입니다. 그중 하나가 앞에서 배운 '마늘모 끝내기'이며, 또 하나가 이번에 배우는 '2선의 젖혀 잇기'입니다.

2선의 젖혀 잇기는 주변 상황에 따라 집의 가치가 다른데요. 가장 적게는 6집부터 많게는 14집 정도까지 그 가치가 다양합니다. 그러므로 자세하게 몰라도 무조건 큰 끝내기라는 것을 머릿속에 꼭 기억해두어야 합니다.

19도 왼쪽 끝내기를 하는 방법은 서로 경계선을 넓히는 것인데요. 20도 흑이라면 1, 3으로 젖혀 잇습니다. 이러면 바로 2선의 젖혀 잇기이며, 21도 백에게 권한이 온다면 역시 1, 3으로 젖혀 이으면 됩니다. 20도와 21도는 서로 후수 6집 끝내기인데 지금은 자세히 몰라도 됩니다. 여기서는 그냥 이 정도만 기억하면 됩니다. 그리고 이곳은 22도 가끔 흑이 선수를 잡으려고 흑1과 백2를 교환하는 수도 있습니다.

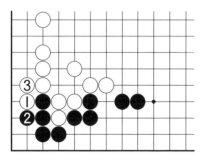

21도

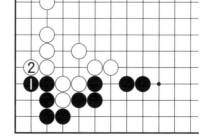

22도

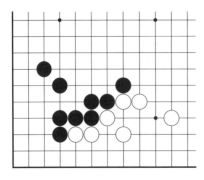

23도

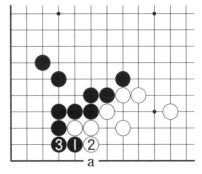

24도

●2선의 젖혀 잇기 2

2선의 젖혀 잇기 문제인데, 23도는 앞에서 배운 것과 모양이 약간 다릅니다. 그 차이점은 무엇인지 살펴보겠습니다.

먼저 24도 흑1, 3으로 젖혀 봅니다. 흑은 이렇게 끝내기를 한 후에도 다음 선수 끝내기 권한이 생기는데 여러분도 눈치 채셨나요? 바로 흑a의 끝내기를 말하는 겁니다. 반대로 25도 백이 1, 3으로 젖혀 이으면 이번에는 a의 선수 끝내기가 백의 권리로 남습니다.

이렇듯 젖혀 잇기 끝내기는 상황에 따라 가치가 더욱 커지는 경우가 많습니다. 그러므로 다시 한번 강조하지만 2선 젖혀 잇기는 정말 큰 끝내기임을 명심하기 바랍니다. 참고로 26도 백이 반드시 선수를 하고 싶을 때 1부터 6까지 수순을 밟을 수 있습니다.

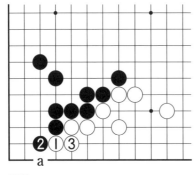

25도

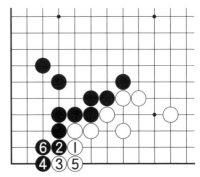

26도

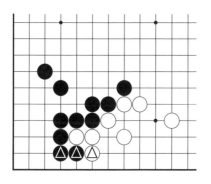

27도

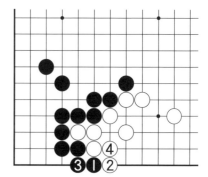

28도

●젖혀 잇기 이후 끝내기

27도는 흑이 젖혀이은 장면입니다. 흑▲와 백△가 바로 그 수순들이고요. 이후 흑은 다른 끝내기 수단이 남아 있습니다. 28도 흑1, 3으로 귀중한 선수 끝내기를 할 수 있다는 것이죠. 흑이 우선적으로 할 수 있는 권한이므로 4까지 마무리될 자리입니다.

29도 이번에는 백이 △로 젖혀이을 때 모양을 보여줍니다. 이후 백도 맛좋은 끝내기가 남아 있는데요. 30도 백1, 3으로 밀고 들어가는 것이죠. 이렇게 백도 젖혀 잇기 이후의 끝내기가 남아 있다는 것을 확인할 수 있습니다.

이렇듯 젖혀 잇기 끝내기는 상황에 따라 이후의 끝내기까지 생각해야 하는 경우가 많습니다. 지금 보여준 경우가 대표적이고요. 앞으로 다양한 젖혀 잇기 모양을 경험하게 될 텐데요. 한번쯤 이후의 수단을 생각해보고 끝내기를 하면 어떨까요?

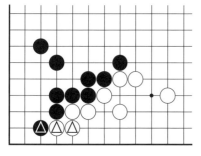

29도

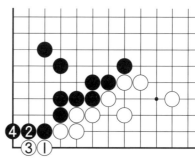

30도

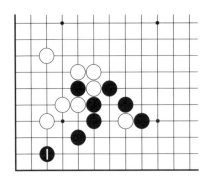

31도

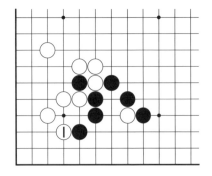

32도

●날일자 달리는 끝내기

큰 끝내기를 하나 더 추천하면 '날일자 달리기'가 있는데, 역시 2선에서 많이 나오는 형태이죠. 만약 3선에서 날일자로 달린다면, 이것은 아직 전투가 마무리되지 않은 중반 단계의 끝내기라고 할 수 있습니다.

31도 흑1의 2선 날일자 달리기는 상당히 큰 끝내기인데요. 우선 모양을 익혀두기 바랍니다. 반대로 32도 백이 1로 막았다고 가정해보면 귀에 상당한 백집이 확정됩니다. 그러고 보면 백집을 파고드는 31도 흑1의 자리가 얼마나 큰 곳인지 알 수 있겠지요?

그래서 33도 흑1의 날일자 달리기는 끝내기에서 서둘러야 할 자리이며, 이때 백2는 집을 지키는 요령입니다. 그러면 보통 흑3과 백4로 마무리될 자리입니다. 34도 백2 때 달리 흑3으로 받는 경우도 있습니다. 약간 미묘한 차이가 있지만 지금은 자세한 설명보다 이런 정도만 알아도 충분합니다.

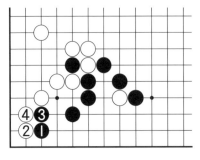

33도

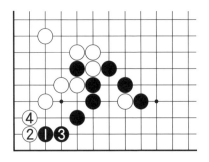

34도

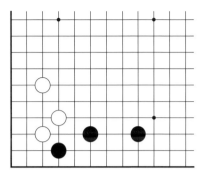

35도

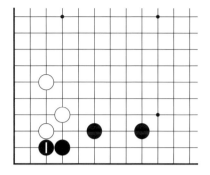

36도

●정석 이후의 끝내기

35도는 가장 기본적인 정석 가운데 하나입니다. 실전에 너무 자주 나오는 모양이므로 누구나 알고 있는 정석이라고 해도 좋겠지요.

중요한 사실은 이 형태에서 아주 큰 끝내기가 있다는 것이죠. 초반이나 중반 전투 단계에서는 별 신경을 쓰지 않아도 상관없지만 한창 종반 무렵이라면 서둘러 선수를 잡은 다음 이곳의 끝내기에 들어가야 합니다.

36도 흑1로 밀고 들어가는 끝내기가 무려 17집 안팎이나 됩니다. 지금은 자세한 계산보다 단순히 기억해두는 것이 좋습니다. 그냥 단순하게 정석 이후 흑1의 끝내기는 17집 정도라는 것만 기억해 두십시오.

반대로 37도 백1로 막을 때와 비교하면 어느 정도 큰지 알겠지요. 다시 돌아와, 38도 흑1을 당했지만 백은 종반이라면 2로 지키는 것이 좋습니다.

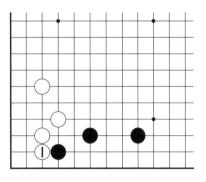

37도

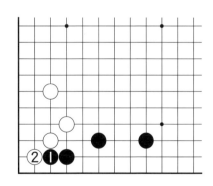

38도

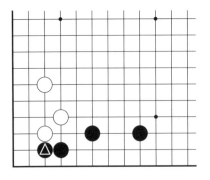

39도

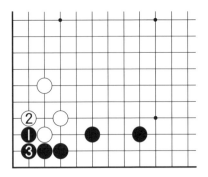

40도

⬤끝내기 이후의 끝내기

39도 정석 이후 흑⬤는 정말 큰 끝내기라고 얘기했습니다. 이 끝내기의 가치를 높게 평가하는 것은 이후 계속해서 큰 끝내기가 남아있기 때문이죠. 가령 40도 흑1, 3으로 젖혀 잇는다든지, 아니면 41도 흑1로 빠져 이하 백6까지 흑은 선수 끝내기를 하는 수법도 있습니다.

이와 반대로 42도 백이 ⬤의 끝내기를 했다고 가정하면 이후 백1로 흑 한점을 잡는 수단이 남아 있습니다. 2선에서 한점을 잡는 것도 큰 끝내기이며, 젖혀 잇기 끝내기와 거의 같은 맥락으로 이해하면 됩니다.

그러므로 앞쪽 38도의 모양에서 배운 밀고 들어가는 끝내기가 얼마나 큰지 어느 정도는 알겠지요? 즉, 39도의 흑⬤는 17집 정도의 끝내기! 지금부터 무조건 암기하기 바랍니다.

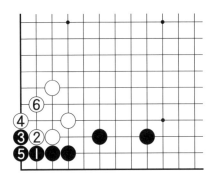

41도

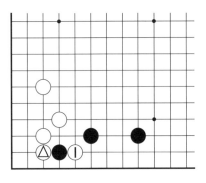

42도

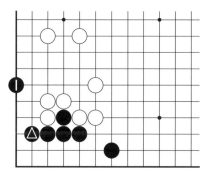

43도

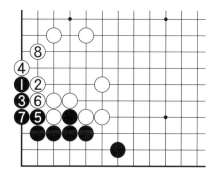

44도

●눈목자 달리는 끝내기

또 하나 필수적인 큰 끝내기는 '눈목자 달리기'입니다. 눈목자 끝내기는 실전에 즉각 사용해 봐야 그 위력을 알 수 있는데요. 보통 2선에서 1선을 향해 눈목자로 달리는 끝내기를 말하며, 일명 '비마 끝내기'라고도 합니다.

이를테면 43도 흑❹로 빠져 있는 경우 1의 눈목자로 달리는 끝내기를 말하죠. 이 눈목자 끝내기는 선수 8집 크기입니다. 일단 기억해두면 좋겠지요? 그리고 눈목자 끝내기에 대해 받는 방법도 중요한데요. 자칫 잘못했다가는 많은 손해를 보게 됩니다.

44도 백2로 받는 것이 최선입니다. 이하 8까지도 서로 최선의 응수법이고요. 그러면 흑은 다시 선수를 잡을 수 있습니다. 만약 45도 백2 때 흑3으로 들어가면 과욕입니다. 즉각 백4로 차단하면 흑의 낭패입니다. 그러므로 이런 곳은 46도 애초에 백이 먼저 1로 막아두는 것이 좋습니다.

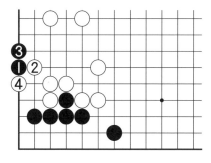

45도

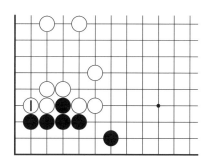

46도

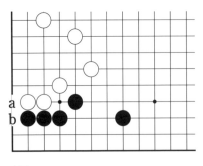

1도

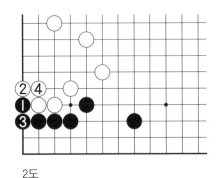

2도

4집 이하의 끝내기

사실 끝내기의 가치를 어느 정도 알기까지는 시간이 많이 필요합니다. 그러므로 우리는 지금 아주 간단한 기본을 익혀두는 것이며, 이를 바탕으로 점진적으로 어려운 끝내기도 배워 가면 됩니다. 보통 4집 이하의 크기를 작은 끝내기라고 하지만, 대국이 막바지에 접어들면 4집짜리도 상대적으로 큰 끝내기에 해당될 수 있습니다. 그래서 어떤 상황에서 끝내기를 맞이하느냐가 가장 중요하며, 그에 맞는 순서대로 차근차근 해나가야 합니다.

1도에서 흑이 a로 젖히느냐, 반대로 백이 b로 젖히느냐에 따라 4집의 차이가 있습니다. 그 이유를 살펴보면, 2도 흑이 먼저 1로 젖히면 백4까지 예상됩니다. 그러면 3도가 되는데, 백은 △의 두 집이 없어졌습니다. 또 4도 백이 먼저 1로 젖히면 흑4까지 예상됩니다. 이래도 역시 흑은 두 집이 줄어듭니다. 3도와 4도를 비교하면 4집 차이가 나므로 이런 곳을 4집짜리 끝내기라고 하는 것이죠.

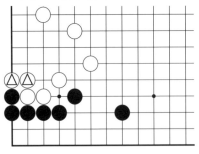

3도

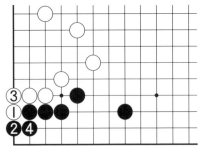

4도

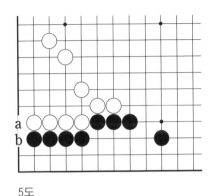

5도

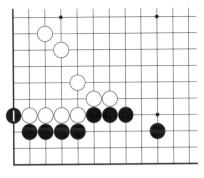

6도

🔴 1선의 양선수 젖혀 잇기는 4집짜리 끝내기

앞쪽에서 배운 것을 정리하면, 1선에서 양선수 젖혀 잇기 자리는 서로 '4집짜리 끝내기'가 됩니다. 끝내기란 분야는 많은 내용을 담고 있지만, 지금 배우고 있는 몇 가지만 알고 있어도 한판의 대국을 훌륭히 치를 수 있습니다.

5도 흑a와 백b의 젖힘은 분명 서로 선수되는 좋은 곳입니다. 그러므로 이런 자리를 누가 차지하느냐에 따라 집의 차이는 확실하게 납니다. 먼저 6도 흑1로 젖히는 순간 흑이 선수 끝내기를 한 거와 다름없습니다. 왜냐하면 여기서 백이 손을 빼면 흑의 다음수로 백집이 거의 초토화되니까요. 그러므로 7도 흑1이면 백4까지는 이렇게 된다고 봐야 합니다.

반대로 8도 백1을 선수했을 경우 이번에는 흑4까지 될 자리입니다. 종합적으로 이곳 끝내기의 가치를 집으로 계산하면, 7도와 비교해 백집이 2집 늘고 흑집은 2집 줄었으므로 4집짜리 끝내기가 되는 것이죠.

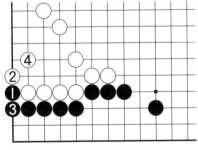

7도

8도

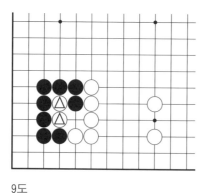

9도

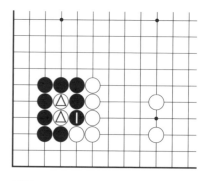

10도

●따낸 집의 가치는 사석의 두 배

끝내기에서 단순하게 돌을 몇 점 잡는 것은 그렇게 큰 자리가 아니라고 했습니다. 오히려 2선의 마늘모, 젖혀 잇기, 날일자 달리기, 눈목자 달리기 등 2선에서의 끝내기가 훨씬 크다고 배웠습니다.

9도 흑이 백△의 두점을 잡으면 몇 집이나 될까요? 이 정도는 한번만 알아두면 대번에 기억할 수 있는 쉬운 문제입니다. 먼저 10도 흑1로 백△ 두점을 따내볼까요? 그러면 백의 사석 두 개가 생깁니다. 이 사석 두 개는 대국이 끝나고 상대 집을 메우는 데 사용하므로 두 집이나 마찬가지죠.

11도는 따낸 결과입니다. a와 b의 곳에 두 집이 확보되었으므로 10도의 사석 두 개를 더해 흑은 합계 4집이 됩니다. 이제부터 따낸 집의 가치는 사석의 두 배임을 알아두면 좋습니다. 물론 12도 백1의 끝내기 가치도 흑집 4집을 없앴으므로 4집짜리입니다.

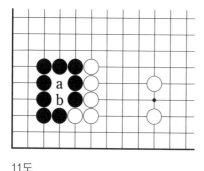

11도

12도

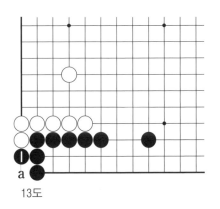

13도

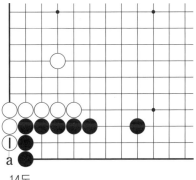

14도

●집의 크기 계산 1

지금까지 집의 크기에 대해 잠시 살펴보았는데요. 작은 끝내기에서 집의 크기는 어느 정도 쉽게 이해할 수 있습니다. 지금 13도 흑1로 막은 수는 몇 집 크기일까요? 이 정도는 당장 1집짜리라고 말할 수 있어야 합니다. 흑1로 흑은 a의 확실한 한 집을 확인할 수 있으니까요.

14도 백1도 흑의 한 집을 없앴으므로 역시 한 집짜리 끝내기입니다. 그러므로 13도 흑1이나 14도 백1은 동일하게 한 집짜리 끝내기입니다. 참고로 14도에서 a 자리는 공배라고 합니다. 공배는 누구의 집도 아닌 공통의 공간이며 나중에 대국이 끝나면 공배의 수에 따라 서로 한 수씩 메우게 됩니다.

15도 백△ 한점을 잡은 흑1은 두 집 크기이며, 16도 한점을 연결한 백1역시 두 집 크기입니다. 그래서 이곳은 서로 두 집짜리 끝내기라고 합니다.

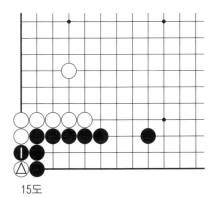

15도

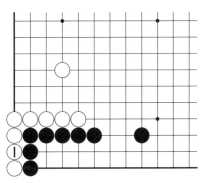

16도

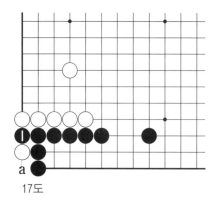

17도

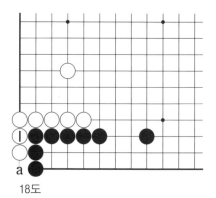

18도

집의 크기 계산 2

17도 흑1로 막는 것은 석 집짜리 끝내기입니다. 흑1로 막는 순간 백 한점이 잡히면서 두 집이 생겼고, a의 한 집도 있으니 합계 석 집이 되는 것이죠.

18도 백1로 연결하는 것도 석 집 크기가 됩니다. 백1로 연결하는 순간 흑집은 모두 사라졌고 a의 곳도 공배로 변했습니다.

19도 흑1도 석 집이 되는 자리입니다. 딱 이 한수로 안에 석 집이 생기므로 대국할 때 이런 자리는 잘 눈여겨봐둬 두 집 끝내기보다 먼저 결행해야 합니다.

반대로 20도 백1로 들어가면 순식간에 흑집은 모두 공배가 됩니다. 즉 a의 자리가 모두 공배입니다. 앞에서 잠깐 언급했듯이 공배는 누구의 집도 아니라는 사실은 알고 있겠지요?

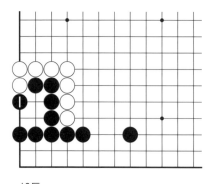

19도

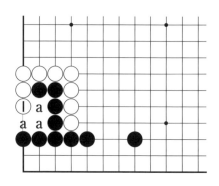

20도

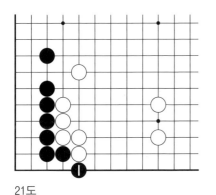

21도

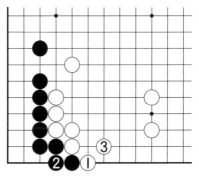

22도

●한쪽만 선수가 되는 끝내기

21도에서 요점은 흑1의 젖힘이 선수라는 것입니다. 이곳 끝내기가 정리되면 다시 흑이 다른 곳에 선착할 수 있다는 뜻입니다. 22도 백1로 받은 다음 흑2로 이을 때 백3으로 마저 받아야 한다는 것이죠. 그러면 흑은 손을 돌려 다른 곳에서 다시 끝내기를 할 수 있습니다.

반대로 백이 이곳을 끝내기하면 23도 백1, 3으로 젖혀 잇습니다. 여기서 요점은 이번에는 백이 선수가 안 된다는 것이죠. 그러면 백이 후수를 잡아가며 이런 곳을 끝내기 하기란 쉽지 않습니다. 그 이유는 24도를 보면 확인할 수 있습니다. 22도와 비교해보면 백집은 a의 곳에 두 집이 붙어났고, 흑❷의 한 집이 줄어든 것을 확인할 수 있습니다. 결국 석 집을 얻기 위해 이곳을 백이 후수로 차지하기란 쉽지 않다는 것이죠. 그러므로 보통 이곳은 흑쪽만 선수가 되는 끝내기입니다.

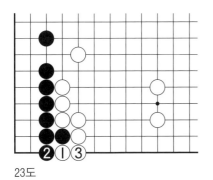

23도

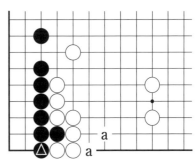

24도

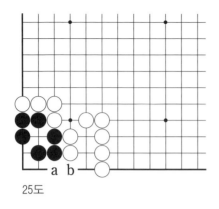

25도

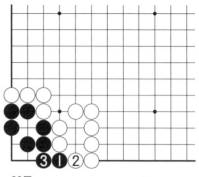

26도

●끝내기가 결정되기 전의 집 계산

25도는 아직 경계선이 확정되지 않은 상황입니다. 이처럼 끝내기가 결정되기 전에 이런 자리는 흑a와 백b로 서로 공평하게 돌이 놓여 있다고 계산하고 대국에 임해야 합니다. 왜냐하면 흑과 백이 서로 이곳을 차지한다고 해도 후수이기 때문입니다. 그래서 귀의 흑집은 넉 집, 하변 백집은 석 집이라고 머릿속으로 계산합니다. 서로 후수이지만 그래도 언제든지 누가 먼저 끝내기를 하느냐에 따라 집의 가감이 일어나겠지요. 26도 흑1, 3이면 흑은 넉 집 그대로이지만 백은 두 집으로 줄었음을 알 수 있습니다.

27도 백이 먼저 차지하면 1, 3으로 젖혀 잇습니다. 그러면 백은 석 집이 되고 흑은 한 집 줄어 석 집이 됩니다. 이런 자리의 젖혀잇는 끝내기는 서로 한 집씩 늘거나 줄기 때문에 두 집 끝내기라고 합니다. 28도의 × 자리는 서로 권리가 없고 누가 차지하느냐에 따라 주인이 바뀔 수 있겠지요.

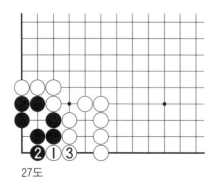

27도

28도

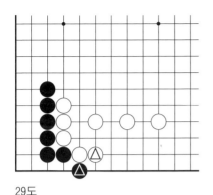

29도

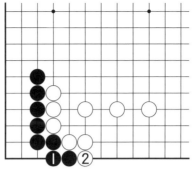

30도

●어처구니없는 실수

끝내기를 하다보면 엉뚱한 실수를 하는 경우가 종종 있는데요. 지금 장면에서도 그럴 가능성이 있는데, 필자가 왕초보 바둑에서 보았던 사례입니다.

29도 흑▲와 백△가 교환된 장면입니다. 다음 흑이 계속해서 끝내기를 해야 하는데요. 여기서 30도 흑은 갑자기 1로 잇는 어처구니없는 실수를 합니다. 바둑 실력이 조금만 향상된다면 이런 실수는 하지 않겠지요. 혹시 흑은 단수로 몰렸다고 착각을 했을까요? 어쨌든 이 장면에서 흑은 1로 잇는 큰 실수를 하는 경우가 가끔 있습니다.

31도 계속해서 흑은 1로 밀고 들어가 선수 끝내기를 해야 했습니다. 흑은 4까지 선수 활용하고 손을 돌려 다른 곳에 다시 끝내기를 해야 합니다. 흑은 32도 백1로 단수를 쳤을 때만 흑2로 잇는 것이지, 30도와 같은 실수를 범해서는 안 됩니다.

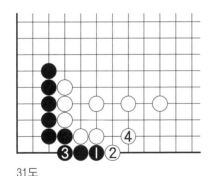

31도

32도

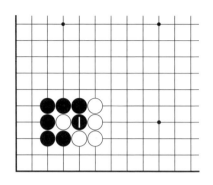

33도

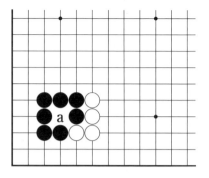

34도

●두 집 끝내기

끝내기 단계에서 두 집짜리 끝내기는 몇 가지 있는데요. 그중 하나가 사석 하나를 잡으면 두 배의 가치인 두 집이며, 1선에서 서로 후수되는 자리도 두 집짜리 끝내기입니다. 그럼 실례를 들어 살펴보겠습니다.

33도 흑1로 백 한점을 잡은 수가 바로 두 집 끝내기입니다. 그러면 34도 a 자리의 한 집과 사석 하나를 더해 이곳은 합계 두 집 끝내기입니다.

35도 이번에는 흑1, 3으로 후수로 젖혀이은 모습입니다. 또한 36도는 백이 1, 3으로 젖혀이은 모습이죠.

35도와 36도를 비교하면 서로 한 집씩 줄고 한 집씩 늘었습니다. 서로 가감하면 두 집 차이가 난다는 것을 알 수 있습니다. 그래서 1선에서 후수로 젖혀잇는 것은 두 집짜리 끝내기입니다.

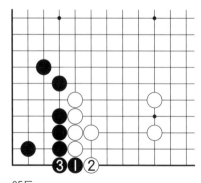

35도

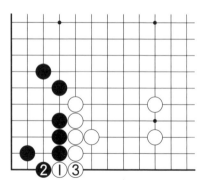

36도

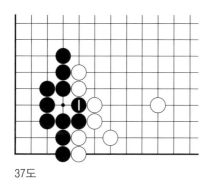

37도

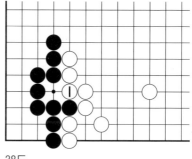

38도

●한 집 끝내기

바둑의 종국 과정은 최종 1~2집 끝내기를 거쳐 반집 패까지 마무리한 다음 공배를 메우게 됩니다. 공배도 서로 한 수씩 메워 모두 마치면 따낸 사석을 상대 집에 메우고 최종적으로 서로의 집을 확인합니다. 그러면 계산된 결과 집이 많은 쪽에서 승리하겠지요.

37도 흑1은 후수 한 집을 만든 장면이고, 38도 백1은 흑이 만들 수 있는 한 집을 없앤 장면입니다. 그러므로 이곳은 누가 먼저 차지해도 후수 한 집짜리 끝내기입니다.

39도 백1로 찌르는 수도 같은 한 집 끝내기이지만 후수 한 집과는 차이가 있습니다. 왜냐하면 백1이면 무조건 흑2로 받아야 하기 때문이죠. 그러므로 백1은 선수이고 이런 자리 또한 선수 한 집 끝내기가 되겠지요. 반대로 40도 흑이 1로 막는 것은 한 집짜리 끝내기이지만 약간 차이가 있습니다. 백이 선수할 자리를 흑이 차지했으므로 이런 자리를 역끝내기 1집이라고 합니다.

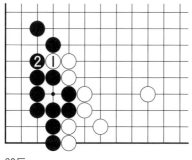

39도

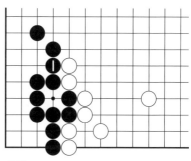

40도

▨ 바둑 십조

☞ **論局(논국)**: 361개의 교차로와 360개의 흑백 돌로 이루어진 바둑판 위의 형세를 말한다.

☞ **得算(득산)**; 바둑을 두는 데에는 먼저 계책이 정해져야 하고 그로부터 승산이 많아야 한다.

☞ **權與(권여)**: 권여의 '권'은 저울의 추, '여'는 수레의 밑판으로 기초가 되는 틀을 말한다. 바둑을 두는 데도 먼저 네 귀부터 자리를 정하는 등 출발이 중요함을 일깨운다.

☞ **合戰(합전)**: 싸움이 시작되면 중앙을 중시하고 선수를 다투며 항상 좌우를 살피면서 삶과 죽음의 이치를 잘 알아야 한다.

☞ **虛實(허실)**: 국면의 형세는 항상 허와 실이 있게 마련인데 언제나 이편이 실익이 많고 저편이 허점이 많게 해야 하며, 공격에서도 그 허실의 형세를 잘 이용해야 한다.

☞ **自知(자지)**: 항상 서로의 형세가 드러나기 전에, 싸우는 것이 이로운지 해로운지를 미리 알아서 판단하여 공격과 수비에 임해야 한다.

☞ **審局(심국)**: 국면을 바라볼 때는 조급히 굴지 말고 어느 쪽이 우세하고 약한지를 자세히 살펴서 효율적인 방법을 취하는 것이 승리의 길이다.

☞ **度情(도정)**: 누구나 고요하면 그 속마음이 나타나지 않는 것처럼 바둑을 두는 데도 침묵하고 조용하여 이편의 마음을 저편에 보이지 않으면서 여유 있고 주도면밀한 경기를 운영하는 것이 승리의 비결이다.

☞ **斜正(사정)**: 바둑을 욕심으로 잘못 이끌어 가면 사도(邪道)가 되지만 그 본래의 이치는 정도(正道)에 있다. 때문에 경거망동한 운영은 실패를 가져오고 심사숙고하며 정도를 걸어가는 자는 승리한다.

☞ **洞微(통미)**: 바둑은 지키는 것보다 상대를 치는 것이 해로울 때가 있고, 혹은 오른쪽보다 왼쪽에 두어야 할 필요도 있다. 이처럼 그 기회와 형세가 천차만별이니 여기서 남이 못 보는 은밀한 이치를 통찰하여 적절한 방법을 취하는 것이 승리의 비결이다.

4장

끝내기와 종국 과정

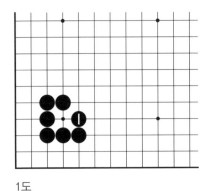

1도

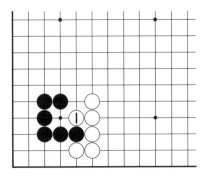

2도

●한 집 끝내기

이제 끝내기를 좀 더 정밀하게 학습해 보겠습니다. 가장 작은 집의 크기는 한 집입니다. 이 한 집이 대국을 마무리할 때는 매우 중요하기도 합니다. 한 집 끝내기를 간과하고 공배를 두어 대국을 그르칠 수도 있기 때문이죠.

물론 많이 이기고 있다면 한두 집 끝내기가 승패에 그리 영향을 미치지 않겠지만 그래도 아주 작은 끝내기에서 승부가 뒤집히는 경우도 비일비재합니다. 그래서 바둑은 끝까지 알 수 없고 승부의 묘미도 이런 데 있겠지요.

이처럼 한두 집 끝내기라도 마지막까지 최선을 다하는 모습을 보여야 합니다. 1도부터 4도까지는 모두 한 집짜리입니다. 1도와 3도는 흑이 1로 한 집을 만든 것이며, 2도와 4도는 백이 1로 흑의 한 집을 없앤 수입니다,

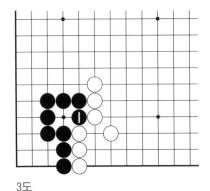

3도

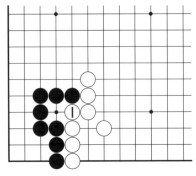

4도

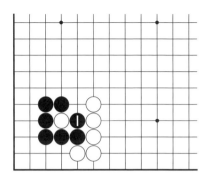

5도

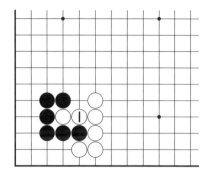

6도

●두 집 끝내기 1

끝내기 과정을 제대로 이해하려면 많은 공부가 필요합니다. 다만 3장에서
배운 대표적인 큰 끝내기와 작은 끝내기의 수순을 익힌다면 실전에 많은 도
움이 됩니다. 또한 지금부터 배우는 끝내기의 크기에 대해 집중해서 학습하
기를 바랍니다.

　5도부터 8도까지는 두 집 끝내기를 보여주고 있습니다. 5도 흑1로 백 한
점을 잡는 것은 두 집짜리이며, 6도 백1은 한점을 살리므로 역시 두 집 크기
입니다. 이렇듯 상대의 사석 한 개를 잡으면 두 집 끝내기라는 것을 다시 한
번 확인하기 바랍니다. 7도 흑1, 3의 젖혀 잇기 역시 후수 두 집 끝내기입니
다. 8도 백1, 3과 비교해보면 서로 한 집씩 늘고 줄기 때문에 누가 먼저 두
어도 두 집 끝내기이죠.

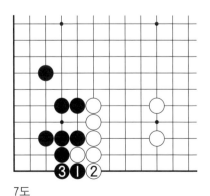

7도

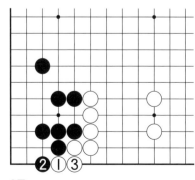

8도

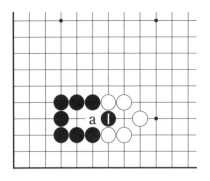

9도

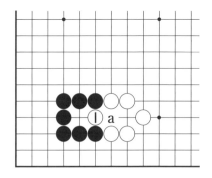

10도

●두 집 끝내기 2

대국의 마무리 과정에서는 두 집 끝내기가 참으로 많이 발생합니다. 가장 기본적인 몇 가지만 알아도 한눈에 두 집짜리 끝내기를 구별할 수 있습니다. 다만 주의사항은 옥집은 집이 아니라는 것이죠. 뒤에 가면 옥집도 집이 될 수 있음을 배우겠지만 일반적인 상황에서는 옥집은 집이 아닙니다.

9도 흑1은 두 집 끝내기입니다. 이 수로 흑은 한 집이 늘면서 백의 한 집을 줄인 효과입니다. 마찬가지로 10도 백1도 두 집 끝내기이죠. 이번에는 백이 한 집이 늘고 흑은 한 집이 줄어드니까요. 여기서 9도와 10도의 a 자리는 옥집입니다.

11도 흑1도 두 집 끝내기이며, 12도 백1 역시 두 집 끝내기입니다. 서로 한 집씩 늘리며 상대 집을 한 집씩 줄이기 때문이죠.

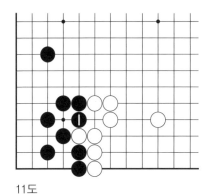

11도

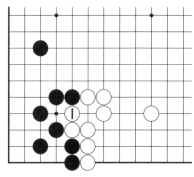

12도

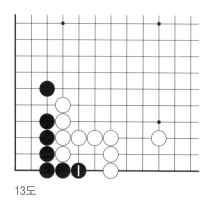

13도

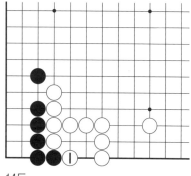

14도

석 집과 넉 집 끝내기 1

끝내기 과정에서는 큰 곳부터 우선해야 함이 아주 중요합니다. 다만 여러분은 아직 어느 것이 얼마나 큰지 확인할 수 없다는 데 어려움이 있습니다.

그러므로 다시 한번 강조하지만 지금까지 배워왔던 몇 가지 큰 끝내기의 종류는 반드시 암기하고 있어야 합니다. 특히 2선의 끝내기는 매우 중요합니다. 잘 이해가 되지 않는 초보 분들은 다시 앞으로 돌아가 3장의 큰 끝내기 부분을 한번 더 확인해주기 바랍니다.

13도와 14도는 석 집, 15도와 16도는 넉 집 끝내기입니다. 13도 흑1은 백의 석 집을 없애는 수단이며, 반대로 14도 백1로 막으면 이곳에 석 집이 만들어집니다. 또 15도 흑1로 백 두점을 잡는 것은 넉 집에 해당되며, 16도 백1로 두점을 살리는 것도 넉 집 끝내기입니다.

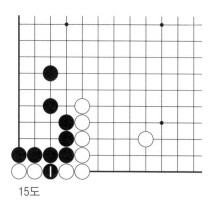

15도

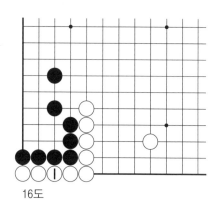

16도

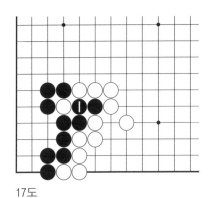

17도

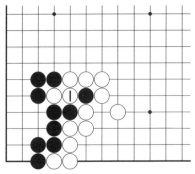

18도

●석 집과 넉 집 끝내기 2

끝내기는 주로 종반의 마지막 단계를 말하는데요. 가끔 초반 포석만 지나고
도 큰 끝내기에 접어드는 경우가 있습니다. 그만큼 끝내기가 중요하며 바둑
을 유리하게 이끌 수 있는 기회이기도 합니다. 사실 상대의 사석 두점만 잡
아도 넉 집 끝내기입니다. 거기에 공배가 포함된다면 그 가치는 공배만큼 집
이 늘어납니다. 그러므로 두 눈 부릅뜨고 끝내기에 집중해야만 합니다.

　17도와 18도는 넉 집 끝내기입니다. 17도 흑1은 백 한점을 잡으며 흑 한
점을 살린 수로 각각 두 집에 해당되므로 합계 넉 집 끝내기입니다. 18도 백
1도 마찬가지 넉 집 끝내기. 흑 한점을 잡으며 백 한점을 살렸기 때문이죠.
19도와 20도는 석 집 끝내기입니다. 19도는 백 한점을 잡으며 한 집까지 없
앴고, 20도는 백 한점을 살리는 동시에 한 집을 만들었기 때문입니다.

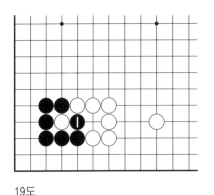

19도

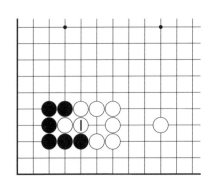

20도

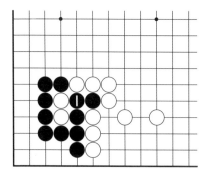

21도

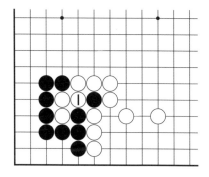

22도

●다섯 집 이상 끝내기 1

끝내기에서 다섯 집 이상이면 제법 큽니다. 여기서 몇 가지만으로 모두 익힐 수는 없지만 기본 원리를 알면 웬만한 집계산은 할 수 있습니다.

중요한 것은 사석과 공배의 확실한 인식입니다. 즉, 사석 한 개는 두 집으로 계산하며 동시에 공배를 포함하고 있다면 바로 그 개수만큼 집이 늘어난다는 사실을 인식해야 합니다.

21도와 22도는 여섯 집 끝내기입니다. 21도의 흑1은 백 두점을 잡는 동시에 흑 한점을 살리기 때문에 합계 여섯 집이며, 22도 백1은 흑 한점을 잡으며 백 두점을 살리기 때문에 역시 여섯 집입니다.

23도와 24도는 다섯 집 끝내기입니다. 23도 흑1은 백 두점을 잡는 동시에 a의 공배 하나가 집이므로 합계 다섯 집이며, 24도 백1은 공배 a와 백 두점을 살렸기 때문에 역시 다섯 집입니다.

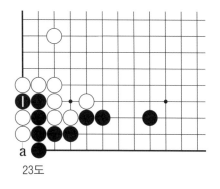

23도

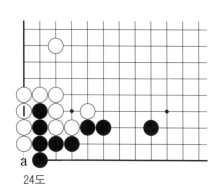

24도

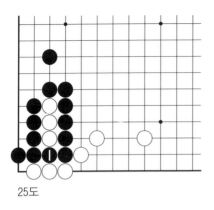

25도

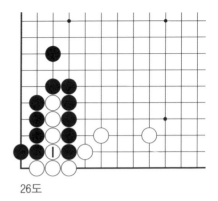

26도

●다섯 집 이상 끝내기 2

다섯 집 이상의 끝내기는 제법 크므로 2선 끝내기와 우열을 비교해서 결행해야 합니다. 대개 초보 분들은 사석 2~3개 잡는 것을 더 좋아합니다. 돌을 따내는 맛이 있거든요. 그러나 바둑은 집 많은 사람이 이기는 게임입니다. 그러므로 사석을 잡기보다 큰 곳을 차지할 수 있는 힘을 키워야 합니다.

보통 2선 끝내기는 최소 여섯 집 이상이며 많게는 10여 집이 넘는 곳도 있습니다. 이 이상은 너무 어려우므로 차츰 배워가기로 하고 여기서는 공식적으로 2선의 끝내기는 무조건 여섯 집 이상이라는 것만 기억하면 됩니다.

25도와 26도는 여섯 집 끝내기, 27도와 28도는 열 집 끝내기를 보여줍니다. 25도와 26도는 백 석점을 잡거나 살리는 것으로 여섯 집이 되며, 27도와 28도는 백 넉점을 잡고 살림과 동시에 공배 a와 b의 두 곳을 포함해 열집의 가치가 있습니다.

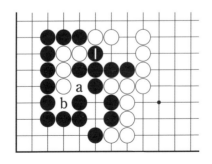

27도

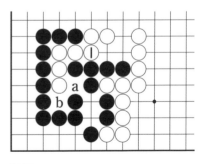

28도

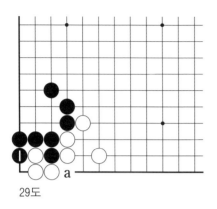

29도

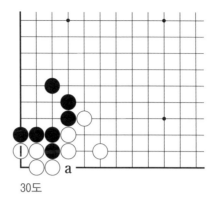

30도

●옥집도 집이 될 수 있다 1

여러분은 바둑을 처음 배울 때 옥집은 집이 아니라고 배웠습니다. 그러나 바둑은 미묘해서 간혹 옥집도 집이 될 수 있습니다. 그럼 어떤 경우에 옥집이 집으로 인정받을 수 있는지 살펴보겠습니다.

29도 흑1은 백의 한 집을 없애지만 사실 a의 옥집도 없애는 수입니다. 반대로 30도 백1이면 백은 이곳에 한 집을 만드는 동시에 a의 곳도 집이 되는 것을 확인할 수 있습니다. 이런 곳이 바로 옥집도 집이 되는 순간입니다. 그래서 29도의 흑1이나 30도의 백1은 모두 두 집 끝내기입니다.

하나 더 예를 보면, 31도 흑1로 백 두점을 잡습니다. 이 순간 a의 곳은 집으로 확정되며 합계 여섯 집이 됩니다. 또 32도 백1로 두점을 살리는 순간 a의 곳은 옥집이 되어 역시 여섯 집 끝내기입니다.

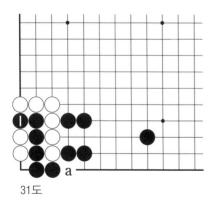

31도

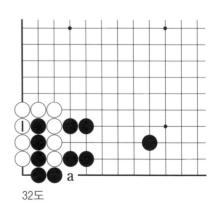

32도

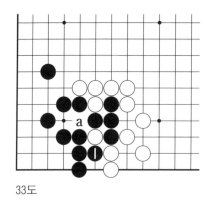

33도

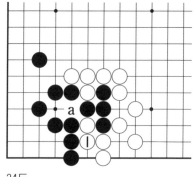

34도

●옥집도 집이 될 수 있다 2

옥집은 나중에 주위 공배를 모두 메우면 가일수해야 하는 가짜 집입니다. 그러나 앞쪽에서 보았듯이 옥집도 집이 되는 과정을 알았습니다. 그러므로 옥집 되는 자리도 간과하지 말고 잘 확인하며 끝내기해야 합니다.

33도와 34도는 옥집과 관계된 석 집 끝내기입니다. 33도 흑1로 백 한점을 잡는 순간 두 집이 늘어나며 a 자리까지 집이 된다는 사실을 확인할 수 있습니다. 34도 백1로 한점을 이어가면 이번에는 a 자리가 옥집으로 변합니다. 이곳은 나중에 흑 넉점이 단수로 몰리면 이어야 하므로 옥집입니다.

35도와 36도 역시 석 집 끝내기입니다. 35도 흑1로 한점을 살리는 순간 a의 곳은 옥집이 되며, 반대로 36도 백1로 흑 한점을 잡는 순간 두 집이 생김과 동시에 a의 곳도 집이 됩니다.

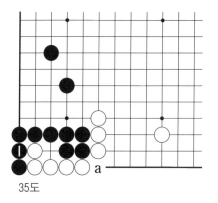

35도

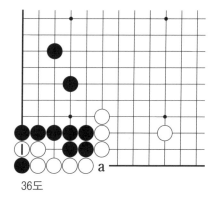

36도

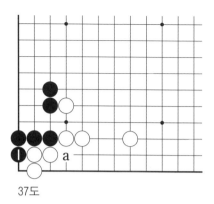

37도

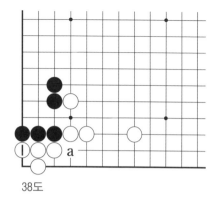

38도

●가일수할 곳도 집이 된다

대국을 하다보면 판 위에 돌이 많아지고 복잡해집니다. 그 과정에서 공배를 메워가다 보면 단수 모양도 생기고 이를 눈치 채지 못해 다 이겨놓은 바둑을 순식간에 엉망으로 만드는 일도 비일비재합니다. 그러므로 미리 가일수할 곳도 인식해야 하겠지요.

37도 흑1은 두 집 끝내기입니다. 흑이 한 집을 줄였지만 백은 나중에 공배를 메우면 a의 곳을 가일수해야 합니다. 반대로 38도 백1이면 a의 곳은 집으로 변합니다. 그래서 두 집 끝내기인 거죠.

39도는 조금 복잡합니다. 흑1이면 일단 백 두점을 잡고 공배 하나가 있어 이곳에서 다섯 집이 만들어지며, a와 b의 곳도 가일수할 필요가 없습니다. 반대로 40도 백1이면 흑은 a와 b의 두 곳을 모두 가일수해야 하므로 여기는 합계 일곱 집 끝내기입니다.

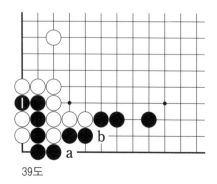

39도

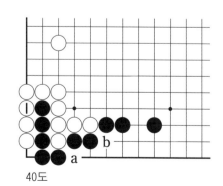

40도

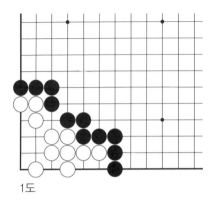

1도

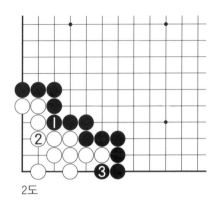

2도

●선수와 후수의 차이

선수는 두고 나서도 계속 주도권을 갖는 것이며, 후수는 두고 나면 다음 권
리를 상대에게 넘겨줍니다. 따라서 선수와 후수는 엄청난 차이가 있습니다.

1도에서 끝내기가 두 곳 남아 있는 것이 보이나요? 혹시 한 곳만 보인다
면 공배를 보는 눈이 절실합니다. 항상 공배를 메울 때 가일수하는 곳을 눈
여겨봐야 합니다. 지금도 공배를 메우면 가일수해야 하는 곳이 있습니다.

여기는 2도 흑1을 선수하는 것이 정수입니다. 백2로 받은 다음 흑3이면
흑은 양쪽 두 곳을 모두 끝내기한 결과입니다. 3도 흑1은 후수이며 그러면
백2를 차지합니다. 백은 2도와 비교해 한 집이 늘었습니다. 만약 4도 백△
가 이미 놓여있다면 후수라도 흑1로 한 집을 없애는 것이 정수겠지요.

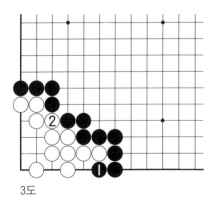

3도

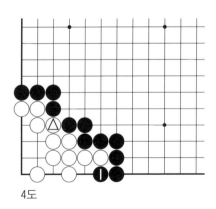

4도

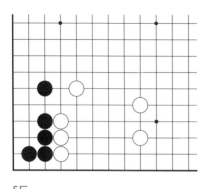

5도

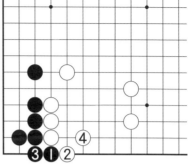

6도

●선수 석 집 끝내기 1

1선에서 젖혀있는 끝내기는 보통 두 집에서 넉 집까지입니다. 이번에는 석 집 끝내기를 확인해 보겠습니다. 더구나 선수로 석 집이라면 작지 않죠?

5도는 흑이 선수로 석 집 끝내기를 할 수 있는 곳인데요. 6도 흑1로 젖히는 것이 단순하지만 최선의 끝내기입니다. 백은 2로 받을 수밖에 없고, 흑3에 다시 백4로 가일수해야 합니다. 백이 이곳에서 손을 뺄 수는 없죠.

이곳을 백이 먼저 둔다면 7도 백1, 3인데요. 이러면 흑의 선수를 백이 역으로 끝내기한 모양입니다. 이론상 백이 선착했지만 실전이라면 흑이 이런 자리를 백에게 넘겨줄 리가 없습니다. 그렇다면 6도의 결과인 8도가 일반적인데요. 7도와 비교해서 백은 두 집이 줄었고, 흑은 a의 한 집이 늘었습니다. 그래서 흑의 선수 석 집 끝내기라고 합니다.

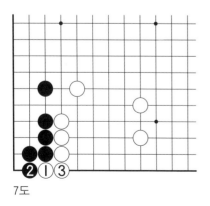

7도

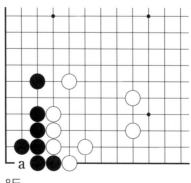

8도

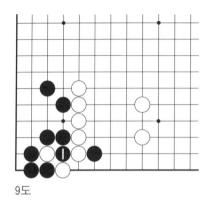

9도

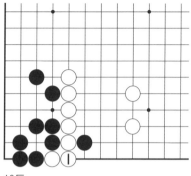

10도

🌑선수 석 집 끝내기 2

이제 1선에서 선수로 젖혀잇는 끝내기는 무조건 석 집이라고 기억해도 좋습니다. 만약 두점을 잡는 기회가 있다면 그 자리는 넉 집이겠지요. 그래도 선수 석 집 끝내기가 남아 있다면 반드시 이를 먼저 결행한 다음 두점 잡는 끝내기를 선택해야 합니다. '끝내기는 선수다!' 가장 먼저 두라는 말입니다.

9도 흑1로 백 한점을 잡는 것은 선수 석 집 끝내기입니다. 백 한점을 잡은 모양이 두 집이며, 다음 10도 백1로 당장 이어야 하므로 이 자리는 집이 안 됩니다. 반대로 11도 백1로 잇는다면 한점을 살리는 동시에 a 자리는 집이 됩니다.

만약 12도 흑▲로 백 한점을 잡을 때 백이 손을 뺀다면 흑1로 당장 백집은 초토화됩니다. 그래서 백은 손을 뺄 수 없으며 반드시 가일수해야 하죠.

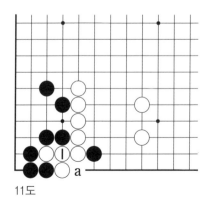

11도

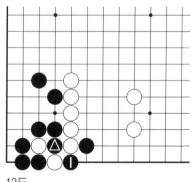

12도

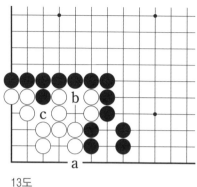

13도

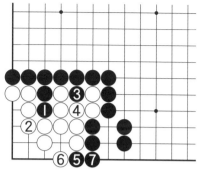

14도

끝내기는 선수가 중요하다

끝내기는 선수가 중요합니다. 지금 13도는 남아 있는 끝내기가 a~c의 세 곳 있습니다. 이곳을 가장 이상적으로 끝내기하려면 선수 활용하는 것인데요. 그 수순을 살펴보겠습니다.

14도 먼저 흑1을 선수하는 것이 좋은 수입니다. 백2를 기다려 흑3을 또 선수하는 것이 긴요합니다. 백4로 이을 때 이제 흑5, 7을 젖혀 이으면 흑은 완벽한 끝내기를 한 것이죠. 달리 15도 흑1부터 진행하는 방법도 있습니다. 다음 흑3도 선수하고 5, 7로 젖혀 이으면 14도와 같은 결과입니다.

16도 흑1부터 끝내기하면 잘못입니다. 이 젖혀 잇기는 후수 두 집 끝내기이며 다음 착점은 상대에게 넘어갑니다. 백이 기회를 얻어 흑이 선수할 수 있는 4의 자리를 차지하면 14도, 15도와 비교해 한 집 이득을 봅니다.

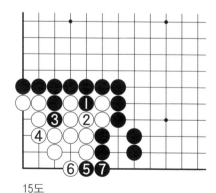

15도

16도

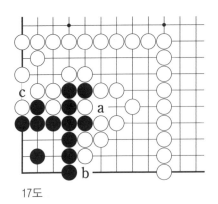

17도

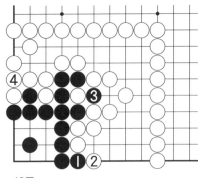

18도

● 선수한 다음 후수 끝내기

몇 번을 강조했지만 끝내기는 선수가 아주 중요하며, 보통 후수 끝내기를 먼저 해서는 안 됩니다.

선수는 내가 둘 때 상대방이 손을 뺄 수 없는 곳이라고 했습니다. 즉, 내가 어디를 둔다면 상대도 반드시 그곳을 따라 두어야 하는 자리! 바로 그자리가 선수가 되는 것이죠.

17도 a부터 c까지 끝내기가 남아 있습니다. 먼저 18도 흑이라면 1을 무조건 선수 끝내기해야 합니다. 흑1은 선수 한 집이며 백은 반드시 이곳을 받아야 합니다. 이하 백4까지는 최선의 끝내기입니다.

19도 흑1은 백2를 당해 약간 손해이며, 20도 흑1의 결정은 가장 좋지 않은 끝내기 수순입니다.

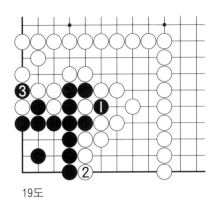

19도

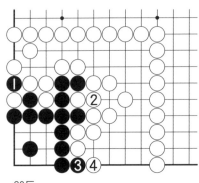

20도

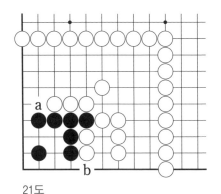

21도

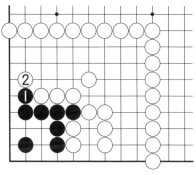

22도

● 선수로 큰 자리

왕초보 바둑에서는 아주 사소한 끝내기에 목숨을 겁니다. 한두 번 그런 식이라도 집에서 상당한 격차가 벌어지며 순식간에 승부에서 멀어집니다.

21도 지금 끝내기는 a쪽과 b의 두 곳이 남아 있습니다. 이런 곳은 한눈에 어디가 선수이고 큰지 확인할 수 있어야 합니다.

a는 2선의 끝내기이며, b는 1선의 끝내기입니다. 더구나 b의 젖힘은 1선의 후수 끝내기로 이런 자리는 두 집 끝내기라고 이미 배웠습니다.

22도 흑1은 방향은 맞지만 미흡합니다. 백은 2로 손실을 줄이며 막겠지요. 23도 여기는 흑1로 뛰는 것이 선수로 아주 큽니다. 이하 6까지 흑은 백집을 크게 부수고 있습니다. 선수까지 잡았으니 흑은 다음 a로 향하겠지요. 그런데 24도 먼저 흑1, 3으로 젖혀 이으면 큰 자리는 백이 4로 차지합니다.

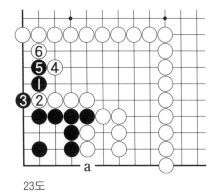

23도

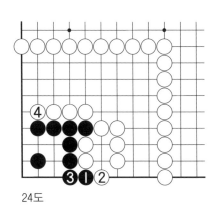

24도

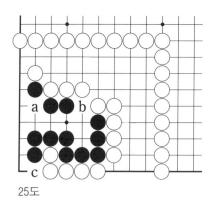

25도

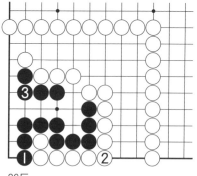

26도

끝내기 수순

몇 번을 강조하지만 끝내기에서는 수순이 아주 중요합니다. 그 수순 가운데
는 선수 활용이 우선이며 그래야 최선의 끝내기를 할 수 있습니다.

25도는 끝내기가 a~c의 세 곳이 남아 있습니다. 이곳을 끝내기할 때 흑
은 아주 중요한 수순이 있는데요. 바로 선수를 활용하는 끝내기 수순이죠.

먼저 26도 흑1부터 진행하는 것이 순서입니다. 흑1의 단수가 백2의 이음
을 강요하는 선수이기 때문이죠. 그런 다음 흑3으로 잇는 것이 정확한 수순
입니다. 계속해서 27도 백1 이하 5까지 끝내기가 잘 마무리되었습니다.

만약 28도 흑1의 후수 자리를 선점하면 백2를 역으로 당합니다. 그러면
7까지의 진행이 예상되지만 27도와 비교해 a 자리가 남은 만큼 백이 우세합
니다.

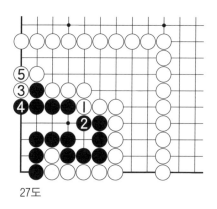

27도

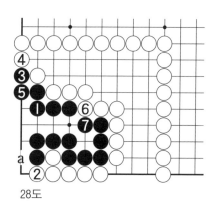

28도

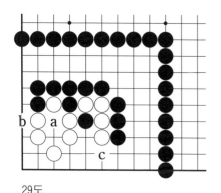

29도

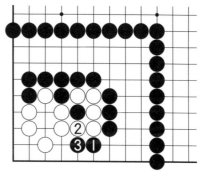

30도

🔵 1선과 2선의 끝내기가 남아있을 때

끝내기에서 1선과 2선이 남아있을 때에는 보통 2선 끝내기부터 먼저 하는 것이 수순입니다. 29도 흑의 끝내기가 a~c의 세 곳 남아 있는데요. 어느 쪽부터 끝내기할 것인가는 의외로 간단합니다.

1선과 2선의 차이를 인식한다면 문제는 쉽게 풀립니다. 30도 일단 흑1의 단수가 아주 큰 끝내기입니다. 선수일 뿐 아니라 2선의 끝내기이므로 그 가치가 아주 큽니다. 백2에 계속 흑3으로 밀고 들어가는 끝내기가 좋습니다.

만약 31도 먼저 흑1로 백 한점을 따내면 백2로 빠지는 끝내기를 역으로 당해 엄청난 손해를 봅니다. 그 차이는 30도와 비교하면 쉽게 알 수 있죠.

또 32도 흑1, 3부터 젖혀잇는 것 역시 백4를 당해 흑이 견딜 수 없습니다. 흑은 9까지 나름 끝내기를 했지만 많이 미흡합니다.

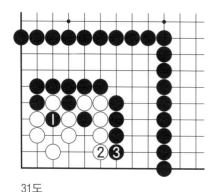

31도

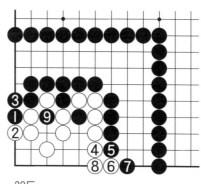

32도

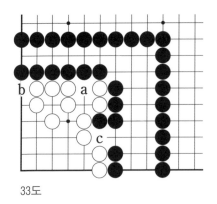

33도

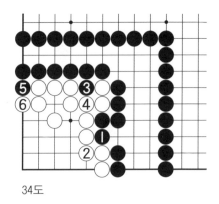

34도

●역으로 선수한다

33도 흑부터 끝내기를 한다면 a~c 가운데 어떤 절차를 밟아야 할까요?

34도 반드시 흑1부터 선수하고 다음 흑3을 선수해야 합니다. 이하 6까지 흑의 완벽한 끝내기입니다.

그런데 35도 흑1의 단수도 선수라고 생각하기 쉽지만 이 자리는 절대 선수가 아닙니다. 이 두점은 정확히 넉 집임을 감안해서 백은 손을 빼고 2를 선점할 수 있습니다. 흑이 고집을 부려 3으로 백 두점을 잡는다면 백은 11까지 흑집을 크게 무너뜨릴 수 있습니다.

또 36도 흑1부터 끝내기하는 것도 방향 착오입니다. 백은 여기서 손을 빼고 2의 곳을 역으로 선수합니다. 이하 백6까지 끝내기를 마치면 34도와 비교해 흑이 2집 손해입니다.

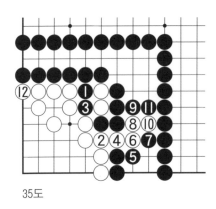

35도

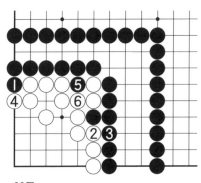

36도

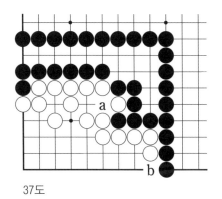

37도

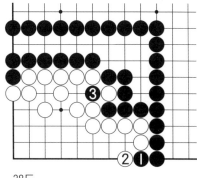

38도

●선수보다 큰 집을 우선하는 경우도 있다

37도에서 남아 있는 끝내기는 a와 b의 두 곳밖에 없습니다. 흑 차례라면 당연히 선수 자리부터 차지하고 마무리 끝내기를 해야 합니다.

즉 38도 흑1의 선수 한 집 끝내기부터 하는 것이 수순입니다. 이곳은 백이 2로 무조건 받아야 하므로 흑의 절대 선수입니다. 다음 흑3으로 백 한점을 잡으면 흑은 최선의 끝내기를 한 것이죠.

그런데 39도 흑1로 백 한점부터 잡으면 두 집 끝내기이지만 후수가 되어 백2로 막는 순서가 돌아옵니다. 38도와 비교해 백은 순식간에 한 집을 더 벌었습니다. 그래서 끝내기는 수순이 아주 중요합니다.

만약 백 차례라면 이번에는 큰 집부터 먼저 끝내기하는 것이 정수입니다. 40도 백1로 잇는 것은 두 집이고 흑2와 백3의 교환은 한 집이기 때문이죠.

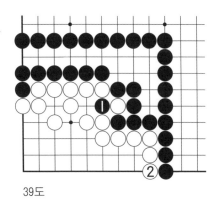

39도

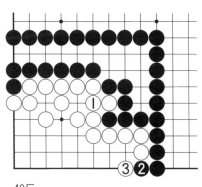

40도

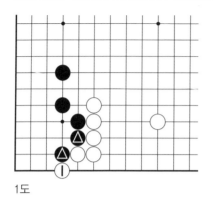

1도

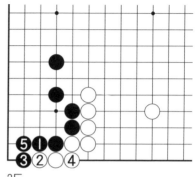

2도

●1선에서 대응법

끝내기를 잘하려면 기본적인 요령을 익혀두어야 합니다. 달리 끝내기 기술을 말하는데 다양한 맥점이 있지만 여기서는 가장 필수적인 내용만 간추려 배우겠습니다.

1도 백1로 젖혔을 때 흑의 올바른 응수를 묻고 있습니다. 여기는 1선의 끝내기인데요. 보통은 바로 받겠지만, 지금은 상황이 조금 다릅니다. 흑▲들의 형태를 주목하기 바랍니다. 2도 흑1로 물러나는 것이 정수입니다. 이하 흑5까지 최선의 끝내기입니다.

3도 흑1로 바로 막는 것이 궁금했을 텐데요. 그러면 백2의 반발을 부릅니다. 계속해서 4도 흑1로 따내도 백2로 위에서 단수하면 흑이 곤란합니다.

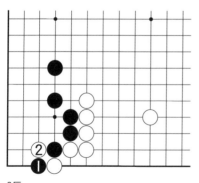

3도

4도

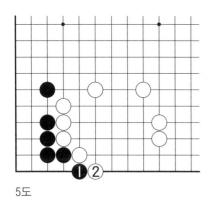

5도

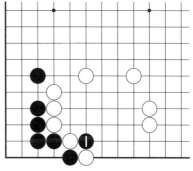

6도

●무리하게 대응할 때

1선의 끝내기에 대해 너무 쉽게 생각하는 경우가 있는데요. 무작정 받았다
가는 낭패를 봅니다. 지금도 마찬가지죠. 5도 흑1로 젖혔을 때 백2로 덥석
받았는데요. 이 수는 무리한 대응입니다. 그렇다면 흑은 응징해야겠지요?

6도 흑1로 끊는 것이 기본 맥점입니다. 자신이 단수로 몰렸는데 갑자기
역으로 끊는다? 언뜻 무리해 보여 선뜻 도전하기 어렵지만 이처럼 양단수
모양이면 가능한 수법입니다.

계속해서 7도 백1로 흑 한점을 따내지만 다시 흑2로 위에서 단수합니다.
그러면 백은 아주 곤란한 모양 아닌가요?

여기서 8도 백은 1로 끊으며 패를 만드는 것이 그나마 최선이지만, 흑은
거의 부담이 없는 꽃놀이패가 되었습니다.

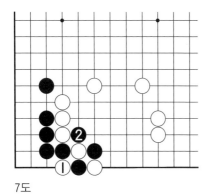

7도

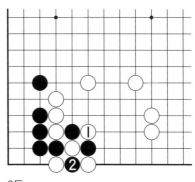

8도

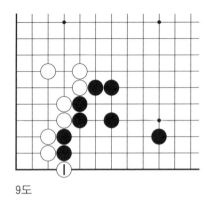

9도

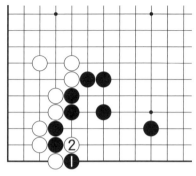

10도

●양단수 되는 자리는 조심하라

1선 젖히는 끝내기에 대해 조금 더 신중할 이유가 지금 여기에 있습니다. 9도 백1로 젖힌 장면인데요. 여기서 흑의 응수가 중요합니다. 1선에서는 더욱 신중하게, 특히 양단수가 되는 자리는 덥석 받아서는 안 됩니다.

10도 흑1로 덜컥 받으면 안 된다는 것이죠. 백 한점의 단수는 가능하지만 다음이 무섭습니다. 백2로 흑의 양단수 되는 자리를 끊어 반발하면 흑이 곤란합니다.

계속해서 11도 흑1로 한점을 따내지만 백2로 두점을 단수하며 흑을 궁지로 몰아넣습니다. 이후 흑은 더 이상 대응하기 어렵습니다.

애초 12도 백1의 젖힘에는 흑2로 물러나는 것이 정수였고 6까지 마무리가 최선의 끝내기입니다.

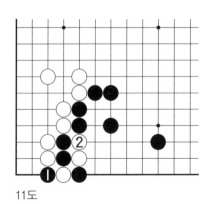

11도

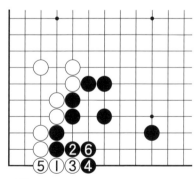

12도

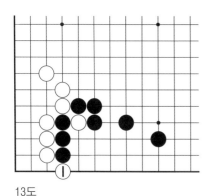

13도

14도

●직접 받을 수 없는 자리

1선의 끝내기에서 직접 받을 수 없는 자리는 이제 어느 정도 확인했을 텐데요. 바로 양단수 되는 곳은 바로 받을 수 없습니다.

13도 백1로 젖혔을 때 흑의 응수를 묻습니다. 이곳도 받는 수에 신중을 기할 필요가 있는데요. 14도 흑2로 늦추는 것이 정수입니다. 이하 흑6까지 최선의 끝내기입니다.

그런데 앞에서 몇 번 보아왔던 대로 15도 흑2로 직접 받으면 어떨까요? 무심코 백 한점이 단수라고 이렇게 바로 막는 경우를 많이 보았습니다. 그러나 역시 안 됩니다. 백3의 반발을 불러옵니다. 그러면 흑이 양단수 모양임을 확인할 수 있습니다. 계속해서 16도 흑1로 따내보지만 백2면 흑 석점이 단수로 몰려 곤란하지요? 여기서 흑은 더 이상 버틸 수가 없습니다.

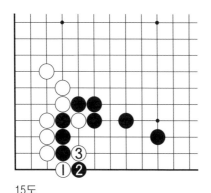

15도

16도

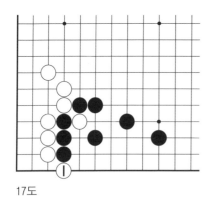

17도

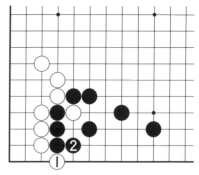

18도

●직접 받을 수 없는 모양

앞쪽과 비슷한 경우이지만 모양이 약간 다릅니다. 그렇더라도 항상 양단수되는 자리는 신경을 써야 합니다. 만약 양단수 되는 자리가 있다면 받는 데더욱 신중을 기해야 하겠지요. 지금도 그렇습니다.

17도 백1로 젖혔을 때 흑이 늦추느냐, 바로 받느냐는 이후의 모양이 양단수가 되는지를 확인한 후 결정해야 합니다. 18도 이 모양에서도 흑은 2로물러나는 것이 정수입니다.

만약 19도 흑2로 받으면 백3의 반발을 불러옵니다. 그러면 흑이 양단수로 몰리는 것이죠. 많은 초보 분들은 백 한점이 단수라고 생각해 바로 흑2로받습니다. 백3 다음 20도 흑1로 백 한점을 따내지만 백은 2로 흑 석점의 몸통을 끊어 궁지로 몰아넣습니다.

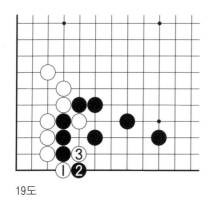

19도

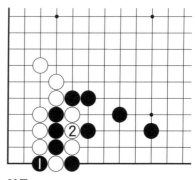

20도

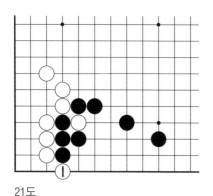

21도

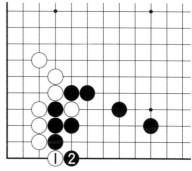

22도

●직접 받을 수 있는 경우

1선의 끝내기가 쉬워 보이지만 돌이 놓여 있는 상황에 따라 달라지므로 매 순간 신경을 써야 합니다. 21도 백1로 젖혔을 때 과연 흑은 직접 받을 수 있을까요, 아니면 물러나 받아야 할까요?

22도 지금은 흑2로 직접 받아도 됩니다. 백의 별다른 반발이 힘드니까요. 가령 23도 백1의 단수가 그럴듯해 보이지만 흑2로 따내면 그만입니다. 그러면 흑은 전체가 연결되어 무사합니다. 계속해서 백3은 흑4를 당해 더욱 손해만 키울 뿐이죠.

24도 흑2로 물러나 받는 것은 석 집 손해입니다. 이하 6까지 순식간에 당하는데 석 집 손해는 작지 않은 끝내기입니다. 더구나 선수로 석 집이지 않습니까? 이렇게 1선 끝내기는 직접 받을 수 있는 경우도 많습니다.

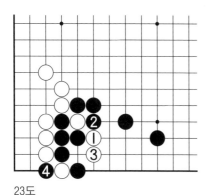

23도

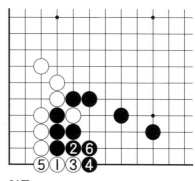

24도

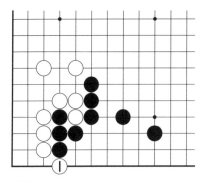

25도

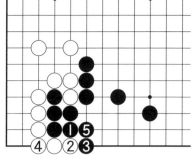

26도

●양단수 자리가 아니라도 조심하라

1선에서 직접 받았을 때 상대가 반발해 양단수가 되는 자리는 조심해야 한다고 앞에서 배웠습니다. 그러나 꼭 양단수가 아니라도 직접 받을 수 없는 자리가 있는데요. 지금 25도가 그렇습니다. 백1의 젖힘에 흑이 직접 받을 수 있을까요?

여기는 무조건 26도 흑1로 물러나야 합니다. 이하 5까지 끝내기가 완결됩니다. 그런데 여기서 27도 흑1로 바로 받으면 문제가 생깁니다. 그러면 백2의 반발을 불러오며 흑이 곤란한 장면입니다.

다시 한번 28도 백1의 끊음이 통렬합니다. 그러면 고작 흑2로 따내는 정도인데 계속해서 백3이면 끊어진 흑 전체가 잡힙니다. 또 흑2로 a에 잇더라도 마찬가지로 백3이면 흑은 모두 잡힙니다.

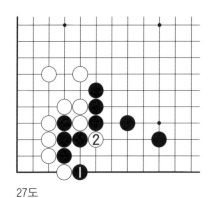

27도

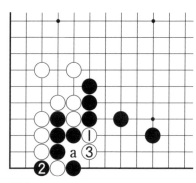

28도

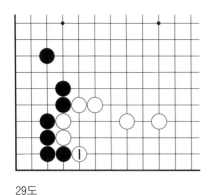

29도

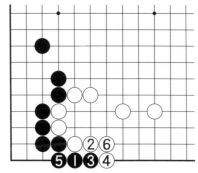

30도

●2선의 끝내기 맥점

29도는 백1로 막은 장면입니다. 언뜻 보면 백집이 하변에 그럴듯하게 만들어져 있지만 흑의 한방이면 많이 부서지게 됩니다. 바로 끝내기의 맥점을 활용하는 것인데요. 구체적으로 2선의 껴붙이기 맥점을 활용하는 것이죠.

보통은 30도 흑1로 젖힙니다. 초보 분들이 흔히 이렇게 끝내기를 하는데요. 그러면 백2로 물러난 다음 6까지 그럴듯하게 마무리되었습니다.

이 결과는 흑의 불만이죠. 그래서 31도 흑1의 껴붙임을 떠올려봅니다. 실은 여기가 2선 끝내기의 맥점입니다. 백2로 차단하면 흑3으로 끊어 오히려 아래 백 두점을 잡으며 망외의 소득을 올릴 수 있고요.

32도 백2로 이어야 한다면 흑3으로 넘어가서 백집을 초토화시킬 수 있습니다. 앞으로 이런 모양은 끝내기에서 자주 나오므로 기억해두기 바랍니다.

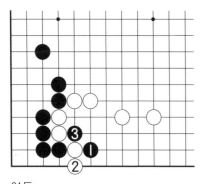

31도

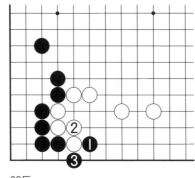

32도

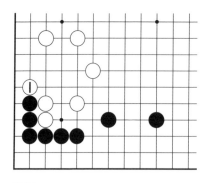

33도

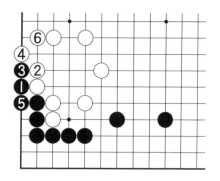

34도

●꺼붙이는 큰 끝내기

33도 백1로 막을 때 흑의 끝내기 요령을 묻고 있습니다. 이곳도 앞에서 배운 겨붙이기 수법이 되는지 살펴봐야 합니다. 이런 경우 2선의 꺼붙임에 대해 넘어가는 자리를 상대가 차단할 때 위로 끊는 수가 가능한지 수읽기해야 합니다.

34도와 같이 흑1로 단순하게 끝내기하는 것은 책략 부족입니다. 물론 흑이 6까지 한껏 힘을 냈지만 역부족입니다.

35도 흑1로 꺼붙이는 것이 끝내기의 맥점입니다. 백2로 반발하는 것은 흑3으로 끊겨 백이 곤란합니다. 백4로 끊어 수습을 해보지만 흑5로 나오는 순간 a와 b를 맞보기로 백이 망한 모습이죠. 그래서 36도 흑1 때 백은 2로 잇는 정도이고 흑은 3으로 넘어 큰 끝내기를 한 결과입니다.

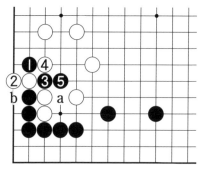

35도

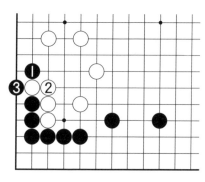

36도

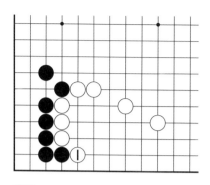

37도

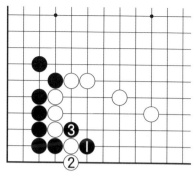

38도

● 껴붙일 수 있는 모양 1

끝내기하는 과정에서 2선에 껴붙이는 모양이 자주 나오는데요. 이런 자리는 그 형태를 몇 가지 알고 있어야 합니다.

37도 백1로 막았을 때 과연 흑이 껴붙일 수 있는지 그 수읽기를 해보는 것도 도움이 되고 재미가 쏠쏠합니다.

38도 먼저 흑1로 껴붙여 봅니다. 여기서 백2로 빠지는 것이 될듯한데 흑 3으로 끊으면 심상치 않습니다. 계속해서 39도 백1로 끊어 수습을 해보지만 흑2, 4로 흐름을 타며 6으로 자연스럽게 아래 백 두점을 단수하면 꼼짝없이 잡힌 모습입니다.

그래서 40도 흑1 때 백은 2로 이을 수밖에 없고 흑은 3으로 넘어 상당한 이득을 얻습니다. 이 자체로 흑은 큰 끝내기를 한 결과입니다.

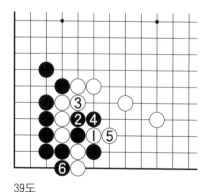

39도

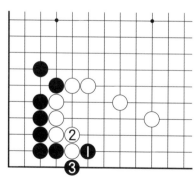

40도

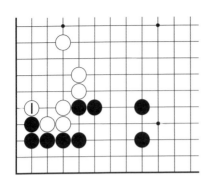

41도

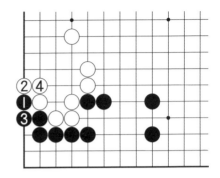

42도

●껴붙일 수 있는 모양 2

끝내기 맥점 가운데 2선의 껴붙임이 많이 나오는데요. 몇 가지 유형이 있으므로 그때그때 형태를 익혀두기 바랍니다. 41도 백1로 막은 장면인데요. 이런 모양은 과연 껴붙임이 통할까요?

42도 단순히 흑1의 젖힘은 단순한 선수 끝내기에 불과합니다. 단연코 흑의 불만이죠. 43도 흑1의 껴붙임이 지금도 통하는 장면입니다. 백2의 반발은 흑3으로 가만히 올라오는 수가 좋아 다음 백은 어떻게 받아도 곤란합니다. 백4로 잇는다면 흑5로 끊어 백 전체가 잡히고, 백4로 5 자리에 잇는다면 흑4로 백 두점을 잡아 만족입니다.

그래서 44도 흑1에는 백2로 물러나야 하고, 이하 4까지 백은 수습하지만 흑5로 따내면 백은 다시 a의 단점이 생겨납니다. 흑의 성공이죠.

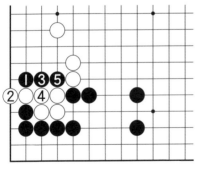

43도

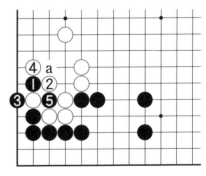

44도

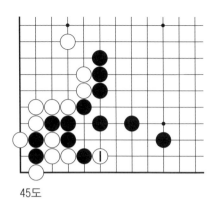

45도

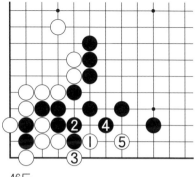

46도

●선수 활용으로 껴붙임을 방어한다

45도 백1로 껴붙여 큰 끝내기를 하려고 합니다. 지금까지 배워온 방법대로라면 백을 차단하기가 어려운 모양인데요. 지금은 상황이 조금 다릅니다.

만약 46도 백1에 흑2로 물러나면 백3으로 넘어 백은 큰 이득을 봅니다. 흑4 때 백5로 뛰는 수까지 있어 흑이 낭패입니다.

또 46도 흑4로, 47도 흑1로 붙이는 것은 집을 최대한 지키자는 뜻이지만 백6까지 수순으로 흑은 더 망가질 뿐이지요. 그러므로 지금은 다른 방법을 찾아야 하는데요. 48도 흑2의 단수가 선수입니다. 이 선수를 활용해 넘는 것을 방지하며 흑4로 보강하는 멋진 수가 있습니다.

한번 더 강조하지만 2선 끝내기는 그 크기가 보기보다 상당합니다. 그러므로 끝내기 단계에 접어들었다고 생각하면 얼른 2선의 끝내기를 찾아야 합니다. 특히 2선의 껴붙임 자리는 모양을 잘 확인해 연습해두면 좋겠습니다.

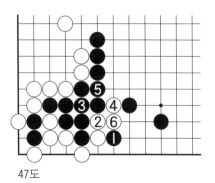

47도

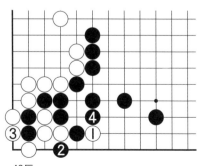

48도

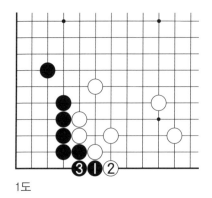

1도

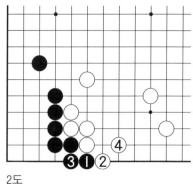

2도

●두 집과 여섯 집 사이

끝내기에서 가장 쉽게 할 수 있는 곳이 1선입니다. 1선의 끝내기는 보통 두 집에서 여섯 집까지 할 수 있습니다. 물론 그 이상도 가능하겠지만, 1선의 끝내기는 최대 여섯 집까지라고 기억하고 있으면 더욱 쉽게 끝내기에 접근할 수 있습니다. 또한 모양에 따라 집의 가치가 달라지며, 선수와 후수 차이도 있습니다. 그러고 보면 비록 1선의 끝내기이지만 선수로 여섯 집 정도라면 이런 자리는 필히 놓쳐서는 안 되겠죠?

그럼 지금부터 1선 끝내기의 모든 것을 학습해보기로 하겠습니다. 1도는 후수 두 집이며, 2도는 선수 석 집, 3도는 양선수 넉 집, 4도는 선수 다섯 집 끝내기입니다. 그 이유에 대해 좀 더 알아보겠습니다.

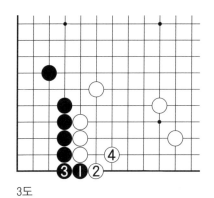

3도

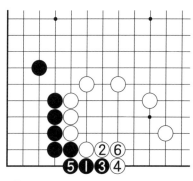

4도

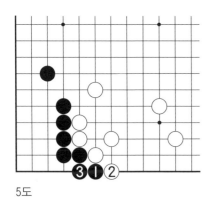

5도

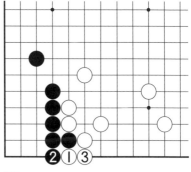

6도

●후수 두 집 끝내기

앞에서 언급했듯이 5도 흑1, 3은 후수 두 집 끝내기입니다. 실전에서 1선의 끝내기를 할 때 젖혀 잇는다면 최소 후수 두 집 끝내기는 된다는 것이죠.

다시 한번 얘기하면 1선에서 젖혀이을 때 상대가 가일수할 필요가 없다면 후수입니다. 그리고 바로 이때가 후수 두 집 끝내기라는 겁니다.

6도 백1, 3으로 젖혀 잇기 해보겠습니다. 그러면 이 결과는 7도가 되는데, 5도와 비교해 백의 a 자리가 한 집 늘고, 흑●의 곳이 한 집 줄었습니다,

또 5도 흑이 젖혀이을 때의 모습은 8도인데, 6도와 비교해 역시 백△ 자리가 한 집 줄었고, 흑a 자리에 한 집이 늘어난 모습이 보입니다. 이를 통해 확실한 후수 두 집 끝내기를 증명할 수 있습니다.

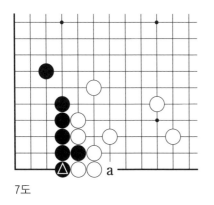

7도

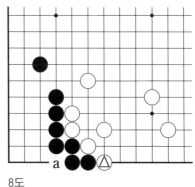

8도

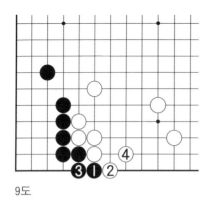

9도

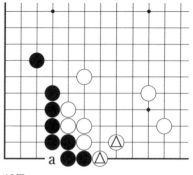

10도

🔴 석 집 선수 끝내기와 역끝내기

선수 석 집 끝내기는 한쪽이 일방적인 선수 권한을 갖고 있을 경우입니다.
가령 9도 흑1, 3으로 젖혀이은 장면이 확실한 선수 석 집 끝내기입니다. 흑
이 젖혀 이으면 백은 4로 가일수해야 하기 때문이죠. 이 부근이 왜 석 집 끝
내기인지 그 이유는 10도에서 확인할 수 있습니다. 백은 △의 두 곳이 집으
로 없어지고, 흑은 a의 곳에 한 집이 늘어 합계 석 집이 됩니다.

반대로 11도 백1, 3으로 젖혀 이으면 어떨까요? 물론 이런 자리는 당연
히 9도와 같이 흑의 권한이 강하지만 흑이 소홀히 하면 11도처럼 백이 역으
로 둘 수도 있을 테지요. 그러면 12도 백은 a의 곳에 두 집이 늘고, 흑은 ●
의 한 집이 줄었습니다. 비록 백이 후수이지만 흑의 선수를 역으로 결행한
것이므로 이런 자리를 역끝내기 석 집이라고 합니다.

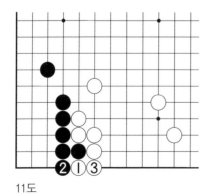

11도

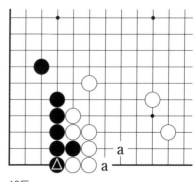

12도

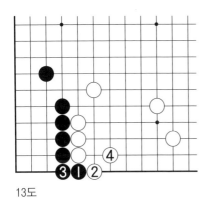

13도

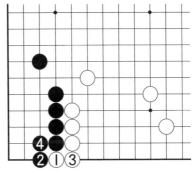

14도

●양선수 넉 집 끝내기

끝내기에서 양선수는 흑백 누가 먼저 두어도 선수가 된다는 뜻입니다. 13도 흑은 1, 3으로 먼저 이곳을 차지했네요. 흑이 선수 넉 집 끝내기를 한 것이죠. 그 확인은 14도 백1, 3을 젖혀 이어보면 알 수 있습니다. 다음 흑4로 이어야 하므로 백이 선수입니다. 그래서 이런 자리는 양선수 넉 집 끝내기라고 합니다.

여기서 13도의 결과인 15도를 한번 볼까요? 14도와 비교하면 그 차이를 쉽게 찾을 수 있습니다. 백집은 △의 두 집이 없어졌고, 흑집은 a의 두 곳이 불어났습니다.

또 14도의 결과인 16도를 확인해 보겠습니다. 13도와 비교해 이번에는 백a의 곳이 두 집 불어났고, 흑집은 △의 두 곳이 줄었습니다.

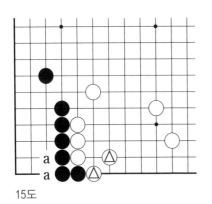

15도

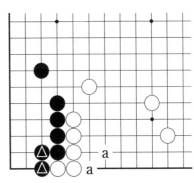

16도

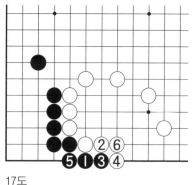

17도

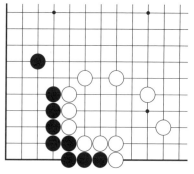

18도

●선수 다섯 집 끝내기

선수 다섯 집 끝내기는 상대가 젖혀올 때 바로 받지 못하고 물러나서 받아야 할 경우입니다. 가령 17도 흑1에 백2로 물러나 받는 경우입니다.

　이 순간 6까지 결정되며 그 결과가 18도입니다. 그러면 백은 넉 집 줄어들고 흑은 한 집 늘어나므로 선수 다섯 집 끝내기입니다.

　그 이유는 다음 그림에서 확인할 수 있습니다. 19도 백이 먼저 1, 3으로 젖혀볼까요? 물론 이런 자리는 흑의 권리가 강하지만 끝내기 계산을 위해 백이 둔다고 가정하는 거지요.

　그러면 그 결과가 20도인데 18도와 비교해 백은 a의 네 집이 늘고, 흑은 ▲의 한 집이 줄어 도합 다섯 집입니다. 그래서 다섯 집 끝내기인 거죠. 구체적으로 흑의 선수 다섯 집입니다.

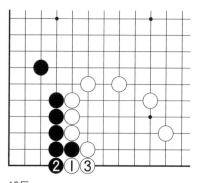

19도

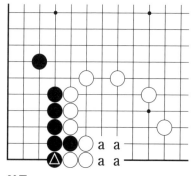

20도

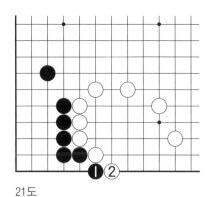

21도

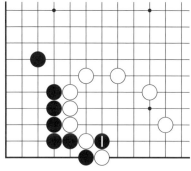

22도

젖혀 잇기 복습

앞쪽에서 20도의 결과는 백이 후수이지만 흑이 선수하는 자리를 거꾸로 결행했으므로 그 가치가 상당히 큽니다. 만일 백이 이런 자리를 차지하는 경우 앞에서 배운 대로 역끝내기 다섯 집입니다.

여기서 다시 한번 이전에 배운 젖혀 잇기를 복습해 보겠습니다. 21도 흑1에 백2로 바로 받지 못한다고 배웠습니다. 그 이유는 흑의 반발을 불러올 수 있기 때문이죠. 흑은 백을 양단수로 몰아가는 수법이 있습니다. 바로 22도 흑1의 끊음입니다. 이 한수로 백은 양단수로 몰리며 곤란합니다.

백은 양단수에 몰렸기 때문에 23도 백1로 한점을 따낼 수밖에 없는데요. 그러면 흑은 위에서 2로 끊으며 큰 수를 냅니다. 그러므로 여기서 24도 백은 1로 물러나야 하며 5까지 최선의 끝내기입니다.

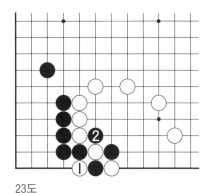

23도

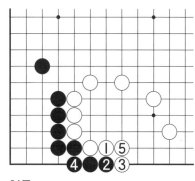

24도

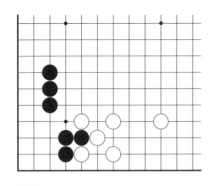

25도

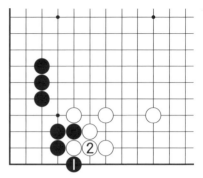

26도

●양선수 끝내기는 서둘러 차지하라

1선의 끝내기가 쉬운 듯 만만치 않음은 젖혀잇는 모양이 조금씩 다르기 때문입니다. 초보 분들은 여기서 배우는 끝내기만 제대로 익혀도 실전에서 상당히 많은 도움을 받을 것입니다.

끝내기의 마지막 단계라면 25도 모양도 서로 양선수 자리입니다. 이런 자리는 서로 먼저 차지하기 위해 최선의 노력을 해야 하겠지요.

26도 먼저 흑1로 백 한점을 단수치며 선수를 잡아봅니다. 마찬가지로 27도 백1, 3으로 젖혀 이어도 역시 선수입니다.

다시 한번 얘기하지만 이런 자리는 서로 차지하기 위해 빠른 결정을 해야 합니다. 28도를 확인하면 26도에 비해 백은 a의 두 집이 늘고, 흑은 ▲의 두 집이 줄었습니다. 도합 넉 집이지만 양선수에서는 대단히 큰 끝내기입니다.

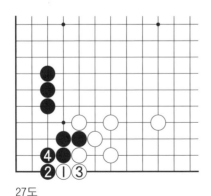

27도

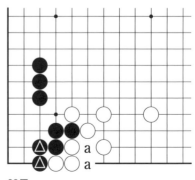

28도

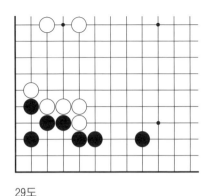

29도

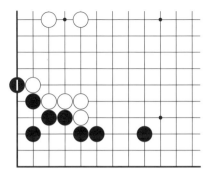

30도

● 양단수 모양에서 바로 받을 수 있는 경우

끝내기의 어려움은 바로 어느 시기에 결정할 것인지 그 판단이 쉽지 않다는 것이겠죠. 양선수라면 무조건 시기에 상관없이 실행하고 싶지만 그렇다고 함부로 끝내기를 결정해 놓으면 오히려 상대를 굳혀줘 좋지 않을 때도 있습니다. 그러므로 이런 결단은 실력이 향상되면서 차츰 알아가면 좋겠습니다.

29도는 앞쪽(21도)에서 배운 모양과 비슷하지만 약간 다릅니다. 이곳은 서로 적당한 시기에 선수로 결정하는 것이 중요한데요. 30도 흑1로 젖히는 것은 선수이지만, 31도 이번에는 백2로 바로 받는 것이 정수입니다. a의 양단수 반발이 두렵지만 상황이 조금 다릅니다. 32도 흑3으로 반발한다면 백4로 따내는 순간 흑▲가 단수로 몰립니다. 흑은 5로 받을 수밖에 없고, 그때를 기다려 백6으로 보강하면 흑의 도발은 물거품이 되고 맙니다.

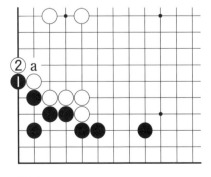

31도

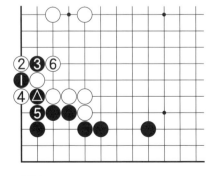

32도

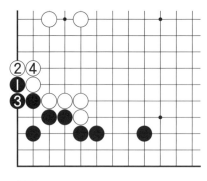

33도

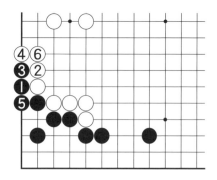

34도

🌑 물러나는 순간 두 집 손해

앞쪽에서 배운 모양을 좀 더 살펴봅니다. 33도 흑1의 젖힘에는 백2로 바로 받을 수 있다고 했습니다. 백4까지는 서로 최선의 끝내기입니다.

그런데 젖혀 잇기 학습에서 "바로 받을 때 양단수 모양이면 조심하라." 이 말만 신봉해서 예외 없이 34도 흑2로 물러나면 이 순간 백은 두 집 손해를 봅니다. 백6까지 일단락되지만 35도에서 그 손해를 확인할 수 있습니다.

35도는 33도의 결과인데 34도와 비교해 a의 두 집이 늘어난 모습입니다. 그래서 34도처럼 백이 끝내기를 하면 두 집 손해를 보는 겁니다.

다시 말해 끝내기 모양을 잘 확인하여 물러나지 말아야 할 곳은 바로 받을 수 있는 힘을 키워야 하겠지요. 참고로 36도는 이곳에서 백도 선수할 수 있음을 보여줍니다.

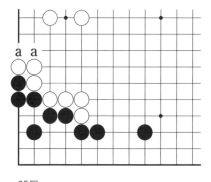

35도

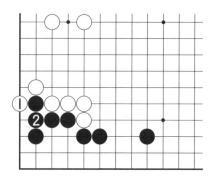

36도

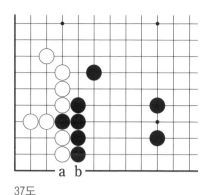

37도

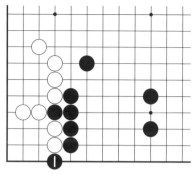

38도

●바둑은 사석보다 집이 우선이다

1선 끝내기가 다섯 집 이상이 될 수 있음을 보았습니다. 즉, 사석 몇 점을 따내기보다 큰 경우가 많은 것이죠. 초보 분들은 돌을 잡는 데에 치우쳐 있지만 바둑은 집이 많은 쪽이 이기는 게임이므로 집에 대해 더욱 관심을 가져야 합니다. 37도 a와 b는 서로 젖혀이을 수 있는 자리입니다. 더구나 서로 선수 끝내기를 할 수 있는 양선수 모양이지요. 다만 누가 먼저 결행하느냐는 대국 상황에 따른 어려운 문제이므로 여기서 다루지는 않습니다.

먼저 38도 흑1부터 검토해보면 다음 39도 백1로 바로 받을 수 있느냐가 문제입니다. 결론부터 말하면 바로 받을 수 없습니다. 여러분이 앞에서 참 많이 배운 부분인데요. 그러면 40도 흑1의 양단수 역습이 매섭습니다. 결국 흑3으로 끊겨 백이 망한 모습입니다.

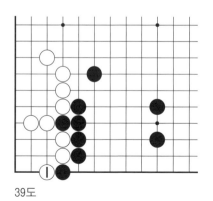

39도

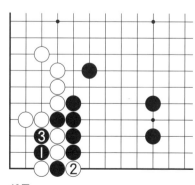

40도

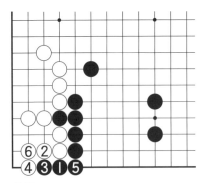

41도

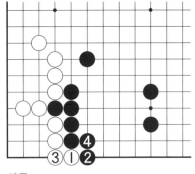

42도

●양선수 여섯 집 끝내기

앞쪽에서 확인한 대로 41도 흑1에 백은 바로 받을 수 없고 2로 물러나야 합니다. 그러면 흑은 6까지 선수로 끝내기를 마무리하겠지요. 이번에는 42도 백도 이곳을 선수로 처리할 수 있습니다. 백1로 젖히면 흑4까지 서로 최선의 끝내기입니다. 그렇다면 이곳의 끝내기 가치는 몇 집일까요?

43도는 41도의 결과인데 42도에 비해 백은 △의 세 집과 ▲의 한 집, 도합 네 집이 줄었고, 흑은 a의 두 집이 늘었습니다. 합계 여섯 집이죠.

44도는 42도의 결과인데 41도에 비해 백은 a의 넉 집이 늘고, 흑은 ▲의 두 집이 줄었습니다. 역시 가감하면 여섯 집이죠.

결국 이곳은 선수한 쪽에선 무조건 여섯 집의 이득을 얻으므로 양선수 여섯 집 끝내기입니다.

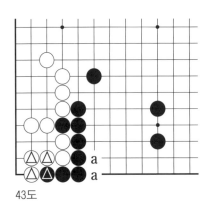

43도

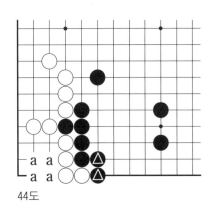

44도

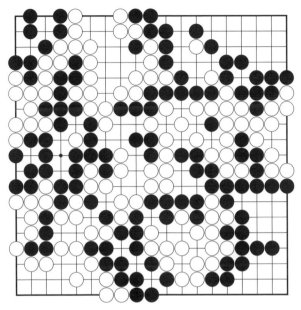

1도

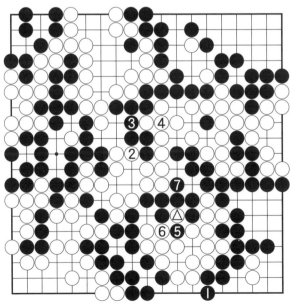

2도

●바둑의 마무리 과정

바둑은 종반에 가면 돌들이 복잡해 보입니다. 그럴수록 더욱 집중력이 필요한데요.

1도는 이제 끝내기가 몇 곳 남지 않은 상황입니다. 한 집 정도의 끝내기 몇 곳만 남기고 있는데요. 찬찬히 반상을 살펴 집 모양을 주시하기 바랍니다.

2도 흑1부터 마무리 끝내기이며 결국 흑7 다음 백△ 자리의 패 하나만을 남겨 두었습니다. 이곳은 패싸움 끝에 결국 흑이 잇는 것으로 종결되었습니다.

사석과 공배

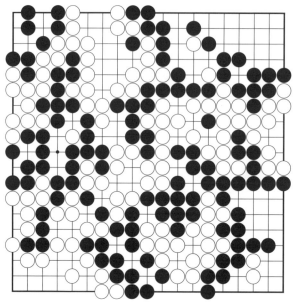

3도

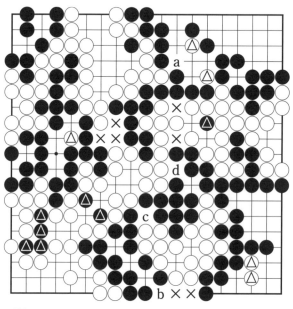

4도

3도는 앞쪽 2도의 수순을 최종 마무리하여 보여줍니다. 이 반상을 보며 사석과 공배를 확인하고 계가 즉 집계산을 해야 하는데요.

4도 흑▲와 백△는 자동으로 잡혀 있는 사석들입니다. 사석은 상대 집에 메우며 계가를 해야 합니다.

그리고 반상의 × 표시는 모두 공배 자리입니다. 공배는 누구의 집도 아니며 이 자리는 서로 한 수씩 모두 메우고 계가하면 됩니다.

여기서 a와 b의 곳은 흑이 반드시 가일수해야 하며, c와 d의 둘 중 한 곳도 흑이 반드시 두어야 하는데 맞보기가 되는 곳이죠. 그래야 흑은 공배를 메우면서 손해를 보지 않습니다.

●마지막 끝내기 수순

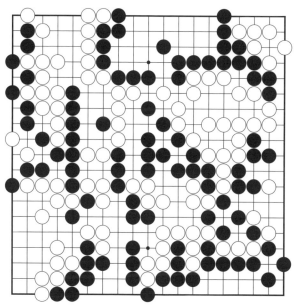

5도

5도 반상을 둘러보면 엄청난 바꿔치기가 이루어져 좌변은 흑 전체가 잡혀 있는 모습이고, 중앙과 우변 일대는 백 전체가 잡혀 있는 모양입니다. 이제 남아 있는 끝내기는 한 집들과 공배뿐입니다.

6도 그 수순을 따라가 보면 흑1부터 17까지 일단락되었습니다.

이러면 바둑은 모두 마쳤는데요. 이제 공배를 메운 후 계가만 남아 있습니다.

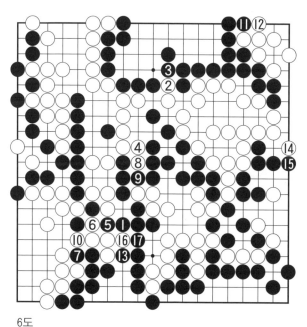

6도

●가일수해야 하는 곳

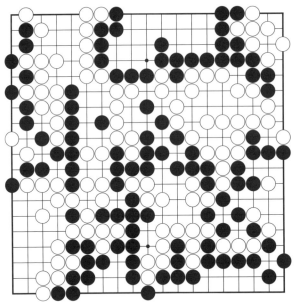

7도

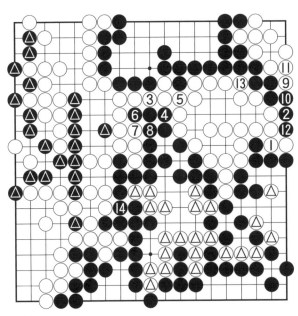

8도

7도는 끝내기를 마친 후의 모습입니다. 이제 남아 있는 곳은 공배뿐이고, 이제 서로 한 수씩 공배를 메우면 바둑은 종결되겠지요.

8도 지금부터 보여주는 백1부터 흑14까지의 수순은 공배를 메워가는 과정입니다. 공배를 메울 때도 서로 한 수씩 마지막까지 최선을 다해야 합니다.

공배 메우는 과정에서 대마가 단수로 몰려 가일수해야 하는데도 모른 채 잡히는 경우가 비일비재합니다. 여기서도 흑8과 백11은 반드시 가일수해야 하는 곳이죠.

그리고 흑▲와 백△는 모두 사석입니다.

●한 집 끝내기와 두 집 끝내기

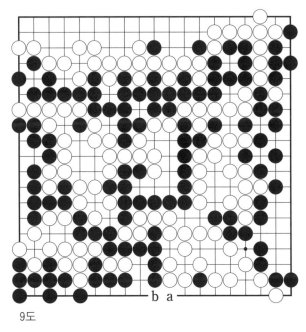

9도

9도는 한 집 끝내기 몇 곳과 흑a나 백b로 젖혀 잇는 두 집 끝내기만 남아 있습니다.

반상을 잘 살펴보고 남아있는 끝내기 자리와 잡혀있는 사석은 어디인지 판단하기 바랍니다.

10도 흑1부터 19까지 수순을 잘 따라가 보십시오. 선수로 한 집을 없애는 수순과 흑5, 7의 후수 두 집 끝내기, 그리고 후수 한 집을 만드는 마지막 과정을 음미해 보십시오.

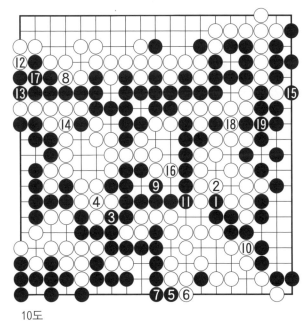

10도

가일수 자리는 먼저 메우라

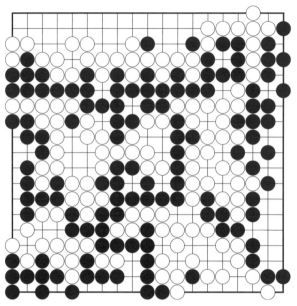

11도

11도는 집이 되는 모든 곳을 두어 마무리된 모습입니다.

끝내기를 마치고 나면 공배를 메워야 하는데, 12도 백1부터 19까지 서로 한 수씩 메워나가면 됩니다. 흑2와 6, 백9와 흑10, 14는 공배를 메우면서 가일수해야하는 자리입니다.

안전하게 공배를 메우려면 이런 자리는 우선순위로 가일수해 두면 좋습니다.

흑▲와 백△는 모두 사석이며 자동으로 잡혀 있는 돌입니다. 이 돌들은 계가할 때 상대 집에 모두 메우겠지요. 즉 흑▲는 흑집에, 백△는 백집에 메우는 것입니다.

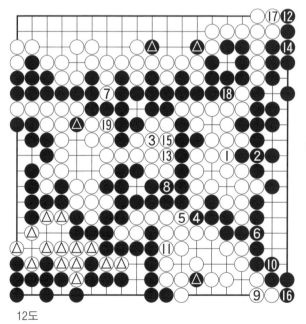

12도

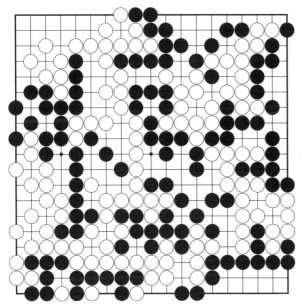

13도

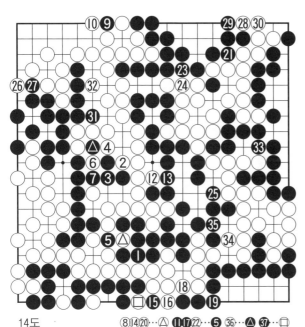

14도 ⑧⑭⑳…△ ⓫⓱㉒…❺ ㊱…△ ㊲…▢

13도의 종반 모습은 어수선해 보이지만 거의 끝내기를 마치는 중입니다. 이제 두 집이 조금 더 되는 패맛을 제외하면 한 집 끝내기만 남아 있는 정도입니다.

14도는 흑1부터 흑37의 반패 이음까지 끝이 났는데요. 마지막 끝내기하는 과정에서 패싸움하며 마무리되는 수순을 놓아보는 것도 아주 좋은 공부 방법입니다.

어떤 식으로 마무리하는지 수순을 따라해 보십시오.

● 공배의 중요성

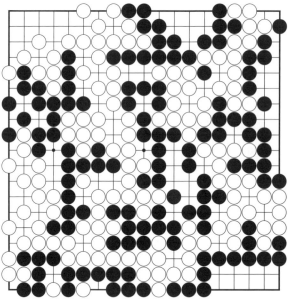

15도

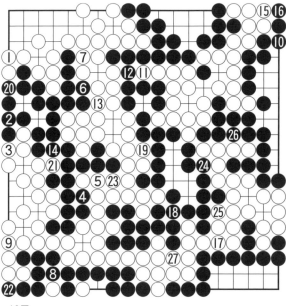

16도

바둑을 다 두었다고 생각하면 이제 공배를 메울 차례입니다.

　이때 단수되는 자리는 없는지 먼저 확인하는 습관이 중요합니다.

　그다음 공배는 집이 아니므로 메우는 순서는 달라도 상관 없지만, 가일수할 자리부터 메우는 것이 실수를 줄이는 방법입니다. 바둑은 공배를 메우면서 가일수할 곳이 꽤 있거든요.

　15도의 남아 있는 자리는 모두 공배 자리입니다.

　16도 백1부터 27까지 모든 공배를 메웠는데요. 공배를 메우는 과정에서 백1, 3, 5, 7, 9와 흑2, 8, 10, 12, 14, 18은 모두 가일수해야 하는 자리입니다.